地域批評シリーズ⑯

これでいいのか
静岡県浜松市

まえがき

浜松市のイメージといえば、うなぎ（うなぎパイ）、餃子、ピアノ、オートバイ、浜名湖などなど。知名度も低いわけではないが、どうしても県の中心である静岡にばかり目が行ってしまい、静岡県と聞いても浜松をイメージする人は決して多くない。というか、ヨソ者にしてみれば、県西部（遠州地域）自体が、静岡県から抜け落ちてしまうことが多々あったりする。

浜松といえば、こと静岡県内においては、静岡との対立軸で語られることが多い。実際、静岡が２００３年にお隣の清水市と合併し、２００５年に政令指定都市への移行を成し遂げると、負けじと浜松も周辺の11市町村を版図に加える超広域合併を見事に実現。県下最大の80万都市となり、２００７年に政令指定都市へ移行している。こうした静岡の後追いとも思える浜松の動きの背景に、静岡への対抗意識がまったく無かったといえばウソになる。

浜松は遠江地方（遠州）の中心地にして、その歴史は非常に古く、古代からすでに東西交通の要衝として重視されていた。ゆえに戦乱の世になると、今川や武田など多くの大名が当地を奪い合った。そして、最後に当地を手中に収めたのが徳川家康である。その後、浜松は時代に翻弄された家康本人が「今に見ていろ！」と雌伏の時を経て、大きな野望をつかみ取る礎の地となり、生涯でもっとも長く拠点とした場所となった。今も浜松人は、「曳馬」と呼ばれていた当地を「浜松」と名づけ、浜松を基盤に天下人へと飛躍した家康を誇りに思っている。静岡人も駿府の城下町をつくり上げた家康をこの上なく尊敬しているが、浜松市民も「家康愛」では負けていないのだ（ご当地キャラが「家康くん」だし）。とにもかくにも、天下人となった家康をはじめ、浜松城からはその後、5人もの城主が江戸幕府の老中へと上り詰めていった。こうしたことから、浜松城をして「出世城」の異名をとることになり、その立身出世に燃える野心の精神は、現代にも連綿と続く浜松の代名詞になっている。

さて、江戸時代に東海道有数の宿場町として栄えた浜松は、明治の廃藩置県で成立した浜松県の県庁所在地となった。だが、浜松県はすぐに廃止され、浜松を含む遠江は、異国である駿河（静岡県）に吸収されるという屈辱を味わった。近代以降の浜松は、静岡に追いつき追い越せと、周辺自治体と合併して着々と領土を拡げながら人口を増やし、商工都市として発展いくことになる。昭和に入り、太平洋戦争時に度重なる空襲や砲艦攻撃で市街地が壊滅的な打撃を受け、人口が半減してしまったものの、その後、産業の復興と町村合併によって、昭和30年代の半ばにはついに静岡市の人口を上回り、県下最大の都市になるという「野望」が達成されたのである。

こうした浜松発展の土台となったのが、「負けてたまるか!」「いっちょやってやろうじゃないか!」という「やらまいか精神」だろう。「やらまいか精神」に裏打ちされた浜松魂は、静岡への対抗心のみならず、新しいものや前例のないことでも果敢に挑戦し、それを成就させていく浜松人の原動力となってきた。

近代以降、市内の工業化が進められていく中で、本田宗一郎が本田技研工業を創業して日本初の国産オートバイを、山葉寅楠が日本楽器製造(ヤマハ)を設立して日本初の国産ピアノを、鈴木道雄が創業したスズキはやがて日本初の軽自動車を完成させ、いずれも世界に冠たる企業に成長していった。一大工業都市となった浜松の製造品出荷額(2014年)はおよそ2兆円。製造品出荷額で全国4位に入る静岡県において、浜松はそのトップランナーの座を堅守し続けている。

しかし、数字上は依然、県内トップの工業都市である浜松だが、好調だった製造業はリーマンショックをきっかけに業績が大きく落ち込み、工場移転やハイテク分野の対応遅れもあって、その後の回復状況も芳しくない。街の主力産業の停滞は、商圏の郊外化も相まって中心市街地の地盤沈下も招いている。近年は外国人観光客の増加もあり、製造業と共に市の産業の柱にしたい観光業についても、積極的にインバウンド対策は進めているものの、東京・名古屋間における訪日客の中継宿泊地になっているだけで、豊富な観光資源をうまくPRできていない現状だ。また、2000年代半ばのマンション建設ラッシュや大学誘致、郊外部の積極的な住宅開発もあって、人口こそ若干の減少率でとどまってはいるものの、政令指定都市として見たなら、どうにも貫禄に欠ける状態が続いている。このままではお得意の「立身出世」も望めないだろう。

出世・野心で版図を拡げ、静岡への対抗意識を持ちつつ、ものづくりの実力を知らしめてきた浜松市は、これからどこへ向かっていくのか？　取材やデータを元に本書が解き明かしていこう。

浜松市地図

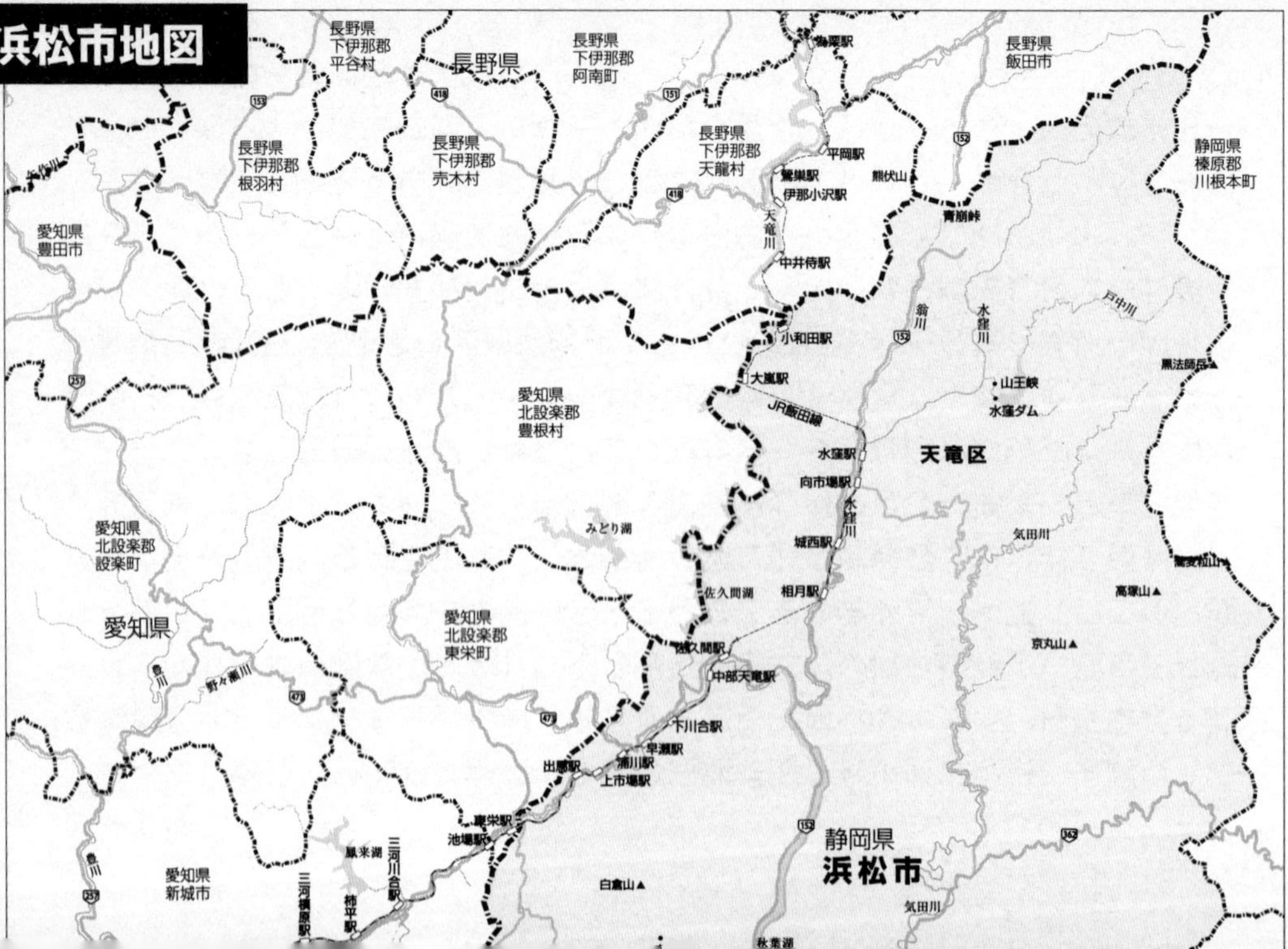
長野県
長野県 下伊那郡 平谷村
長野県 下伊那郡 阿南町
長野県 飯田市
長野県 下伊那郡 根羽村
長野県 下伊那郡 売木村
長野県 下伊那郡 天龍村
静岡県 榛原郡 川根本町
愛知県 豊田市
愛知県 北設楽郡 豊根村
愛知県 北設楽郡 設楽町
愛知県
愛知県 北設楽郡 東栄町
愛知県 新城市
静岡県
浜松市
天竜区
平岡駅
鶯巣駅
伊那小沢駅
中井侍駅
小和田駅
大嵐駅
JR飯田線
水窪駅
向市場駅
城西駅
相月駅
佐久間駅
中部天竜駅
下川合駅
早瀬駅
浦川駅
出馬駅
上市場駅
東栄駅
池場駅
三河川合駅
柿平駅
三河槙原駅
天竜川
水窪川
翁川
戸中川
気田川
豊川
野々瀬川
熊伏山
青崩峠
黒法師岳
山王峡
水窪ダム
みどり湖
佐久間湖
鳳来湖
秋葉湖
高塚山
京丸山
白倉山

天竜区
北区
浜北区
中区
東区
西区
南区
静岡県
島田市
静岡県
周智郡
森町
静岡県
掛川市
静岡県
磐田市
静岡県
袋井市
静岡県
湖西市
愛知県
新城市
浜名湖
館山寺
中田島砂丘
遠州灘
浜松いなさ
浜松いなさJCT
新東名高速道路
浜松スマート
浜松SA
浜松浜北
森掛川
掛川PA
新城PA
三ヶ日JCT
三ヶ日
浜名湖SA
東名高速道路
浜松西
三方原PA
浜松
遠州豊田スマート
遠州豊田PA
磐田
袋井
掛川
小笠PA
遠州森町
PA
天竜浜名湖鉄道
遠州鉄道線
JR東海道本線
JR東海道新幹線
天竜区役所
浜北区役所
東区役所
浜松市役所
中区役所
西区役所
南区役所
北区役所
磐田市役所
袋井市役所
掛川市役所
船明ダム湖
都田川ダム
太田川ダム
太平洋富士見平
米津の浜
佐鳴湖
猪鼻湖
引佐細江
松見ヶ浦
浜松駅
新浜松駅
第一通り駅
遠州病院駅
八幡駅
助信駅
曳馬駅
上島駅
自動車学校前駅
さぎの宮駅
積志駅
遠州西ヶ崎駅
遠州小松駅
浜北駅
美薗中央公園駅
遠州小林駅
遠州芝本駅
遠州岩水寺駅
西鹿島駅
二俣本町駅
天竜二俣駅
上野部駅
豊岡駅
敷地駅
遠州森町
円田駅
原田駅
原谷駅
細谷駅
いこいの広場駅
桜木駅
掛川市役所前駅
西掛川駅
掛川駅
愛野駅
袋井駅
磐田駅
豊田町駅
天竜川駅
高塚駅
舞阪駅
弁天島駅
新居町駅
鷲津駅
新所原駅
アスモ前駅
大森駅
知波田駅
尾奈駅
奥浜名湖駅
三ヶ日駅
都筑駅
東都筑駅
浜名湖佐久米駅
寸座駅
気賀駅
気賀高校前駅
西気賀駅
金指駅
都田駅
常葉大学前駅
フルーツパーク駅
宮口駅
岩水寺駅
大海駅
本長篠駅
長篠城駅
鳥居駅
三河大野駅
新城駅
東新町駅
茶臼山駅
三河東郷駅
宇連川
阿多古川
天竜川
都田川
井伊谷川
宇利山川
馬込川
太田川
原野谷川
北
0
5km

浜松市基礎データ

国	日本
都道府県	静岡県
団体コード	22130-9
面積	1,558.06㎢
総人口	807,893 人
人口密度	519 人 /㎢
隣接自治体	磐田市、湖西市、島田市、森町、川根本町 愛知県豊橋市、新城市、東栄町、豊根村 長野県飯田市、天龍村
市の木	マツ
市の花	ミカン
市の鳥	ウグイス
市庁舎所在地	〒430-8652　静岡県浜松市中区元城町 103-2
市庁舎電話番号	053-457-2111（代表）

	面積（㎢）	推計人口				人口密度
		人口			世帯数	
		総数	男	女		
浜松市	1,558.06	807,893	402,035	405,858	331,062	519
中区	44.34	239,428	118,832	120,596	109,107	5,400
東区	46.29	130,085	65,222	64,863	52,791	2,810
西区	114.71	112,579	56,002	56,557	43,270	981
南区	46.84	103,193	51,896	51,297	42,346	2,203
北区	295.54	93,993	46,440	47,553	35,601	318
浜北区	66.50	98,272	48,964	49,308	35,270	1,478
天竜区	943.84	30,343	14,679	15,664	12,677	32

※ 2017 年 1 月現在

あとがき

第1章
家康公に工業の街
浜松市ってどんなとこ？

【歴史】古代より人が住まう家康が築いた遠州

ヤマト王権時代には最前線だった遠江国

現在の浜松市周辺地域は、かつての旧国名を遠江といった。『万葉集』には遠淡湖（とほつあはうみ）の名前で登場するが、これは「遠くにある淡水湖」という意味である。今の浜名湖は淡水に海水が流入している汽水湖だが、当時はまだ海水が混じっていない淡水湖だったことも地名から分かる。

一方で、近い淡水湖、すなわち琵琶湖のある場所は近淡湖（ちかつあはうみ）と呼ばれ、こちらはのちに近江国となり、現在の滋賀県に相当する。

いずれにせよ、遠江は『万葉集』が成立する奈良時代より以前から、すでに中央府に掌握されていた。だからこそ「（中央から見て）遠い」と呼称されたわけである。そして遠江は、ヤマト王権と異国との国境であり、東方へ向けた最前線の拠点だった。

『古事記』や『日本書紀』におけるヤマトタケルノミコトの東征伝説は、ヤマト王権による東国侵略を逸話化したものとされる。

ヤマトタケルが剣で草を薙ぎ払って難を逃れた場所は「草薙」、敵を焼き尽くした場所が「焼津」となり、日本を平定した（日本平）……と、つまりヤマト王権は隣国の駿河（現在の静岡市）を侵略したわけだ。こうした事跡がすべて現在の地名に残っているのも興味深い。現在でも、浜松と静岡はしばしば対立軸として語られ、事実、ライバル関係にあるが、それもそのはず、古代から大井川より東は異国なのだ。

わずか500年の新興都市・浜松

遠江の領域は、現在の浜松市よりもかなり広い。浜名湖周辺から大井川西岸までを範囲とするので、現在の行政区分では湖西市から掛川市、牧之原市あたりまでを含むことになる。

そして遠江国の国府（国の政庁）は見附に置かれた。見附は現在の磐田市中心部であり、そのため奈良時代、各国に国分寺が建立された際にも、見附の近く（現在の磐田市中泉）に国分寺が建てられた。のちに江戸時代に東海道が整備されたときには、見附には宿場町（見附宿）が置かれている。現在の浜松市民からすれば、「磐田なんてサッカー場しかない場所だら」と思うかもしれないが、少なくとも13世紀頃までは遠江の中心地であり続けたのである。

浜松市域が遠江の中心地となるのは、室町時代から。佐鳴湖の東の丘陵地帯（現在の浜松八幡宮周辺）に曳馬城が築城され（築城者・年代とも諸説あり）、ここを起点として街道が発展していった。これが永正年間（１５０４~１５２０年）のこととされるから、浜松は地域の中心地となってからまだ５００年足らず。日本各地の古都と比較すると、まだまだ「若い」都市といえる。

「浜松」という地名の由来とは？

今川義元が桶狭間で討死したのち、１５６８年に徳川家康が今川氏から遠江を奪い取った。遠江に入った家康は、曳馬という地名が「馬を曳く＝撤退する」を連想させるとして忌み嫌い、曳馬城を浜松城と改称する。

そもそも浜松城周辺（現在の浜松市中区）は、奈良時代から「浜津」の名で知られていた。鎌倉時代から室町時代の頃には、すでに「浜松」と呼ばれるようになり、この地の荘園も浜松庄といった。

その土地の名をそのまま城名にしたのだから当然といえば当然だが、それまで一地方の地名にすぎなかった「浜松」の名が、家康の居城としてネームヴァリューを帯び、家康の飛躍とともに全国に知れ渡るようになったのである。

やがて家康は関東に移封されるが、江戸時代には浜松城から何人もの幕府重臣が生まれ、浜松城は出世城と呼ばれるようになった。

浜名湖の歴史と江戸時代の宿場と関所

家康が活躍した時代より少し時間を戻すが、１４９８年には東海沖を震源地とする推定マグニチュード８・０を超える巨大地震が発生した。いわゆる明応地震である。舞坂では３００戸が流失するなど甚大な被害を出したが、大きく様変わりしたのは浜名湖だ。

それ以前の浜名湖は、海と隔てられた淡水湖で、浜名湖からは浜名川が遠州灘へと注いでいた。ところが、この地震による津波で、浜名川や周辺の砂堤が決壊してしまう。このため浜名湖は海とつながる汽水湖に変容した。それまでは浜名川に架かった橋を渡り、舞坂―新居（湖西市）を徒歩で往来できていたが、この地震以降、渡し船で行き来することになったのである。このときに土地が分断されたことが、「今切」という地名の由来になっている。

さて、江戸時代に東海道が整備されると、浜松市域には浜松（現在の浜松市中区）と舞坂（現在の浜松市西区）に宿場が置かれた。舞坂から西へ進むと今切口から渡し船で浜名湖を渡ることになり、その先の新居には関所（湖西市新居町）が設けられていた。

東海道には箱根と新居の２カ所に関所があった。江戸時代の交通政策は「入り鉄砲に出女」という言葉があるように、江戸への鉄砲の持ち込みや、大名家の女性の江戸からの外出が厳しく規制された。その取り締まりのために、関所では手形による本人認証が徹底され、手荷物も厳しく検査されたのである。

なお、関所は開門と閉門の時間が決まっていたため、江戸から西へと移動する旅人は、たいていは浜松で宿を取り、翌日に浜名湖を渡って新居関に向かうのが常であった。そのため浜松は宿場町として大いに栄え、江戸時代末期には本陣（大名家や公家用の宿泊施設）が６つ、旅籠（一般旅行者用）が約90もあった。

現在の浜松市は産業に注力するあまり、あまり観光に力を入れていない印象がある。しかし、江戸時代２６０年の歴史では、浜松は観光立国だったわけだ。地元に住む人ほど「浜松には観光資源がない」と言いがちだが、まだ掘り起こされていない資源が眠っているのではないか、この分野には伸び代があるのではないだろうか。

工業都市・浜松に明るい未来はあるの？

明治維新を迎えると、いったんは浜松県が成立するなどの紆余曲折を経たのち、最終的に浜松は静岡県に編入される。

戦前の浜松の主要産業は、木綿の織物だった。江戸時代後期に農家の副業として木綿の栽培が行われていたが、幕末の頃から織機を使った織屋が増えると、「遠州織物」はブランド化に成功する。

この織機は、最初は人力で動かしていた。しかし、動力を用いたり、木製器具を金属器に変えたり試行錯誤するうちに、その技術がのちにオートバイ生産に用いられていくのだから分からないものだ。現在の自動車メーカー・スズキ株式会社は、もとは鈴木式織機株式会社といい、織機を作るメーカーだったのである。

また、山葉寅楠は日本楽器製造株式会社（現在のヤマハ）でオルガンやピアノを製造すると、寅楠の弟子・河合小市もこの分野で数々の発明をし、河合楽器研究所を設立。楽器製造も浜松の主要産業へとなっていく。鉄道院（旧国鉄）

の工場を誘致したり、陸軍飛行第七連隊（現在の航空自衛隊浜松基地）のための軍需産業が盛んになったり、とかく浜松は戦前から「工業の街」なのだ。

第二次世界大戦中、浜松は壊滅的な打撃を受けたが、それまでに培った技術（織物、オートバイ、楽器）を駆使して戦後復興を進めていった。終戦直後には浜松事件のような抗争事件も起きたものの、ともかく市民一丸となって戦後復興を遂げ、高度成長期をリードし、どっかの県庁所在地を大きく上回るほど経済的・産業的に発展したのである。

そして２００５年には周辺11市町村を吸収し、県下最大の人口と面積を誇る巨大都市になり、２００７年には長年の宿願だった政令都市に移行。物語なら、ここでメデタシメデタシ……となるところだが、現実の世界には終わりがなく、時代は流れていく。

経済や産業が頭打ちになったような停滞感のある現状で、どのような未来のビジョンが描けるのか？　合併した11の旧市町村地域を、合併前に散々吹聴したように、本当に「対等に」扱えるのだろうか？　２０１１年に市制１００周年を迎えた浜松市は、今、新たな岐路に立たされている。

1570年、岡崎城を長男の信康に譲って浜松の地に移った徳川家康。
その後、17年もの長い間、浜松を本拠地とした

【出世】浜松城こそ出世の城！幕府の老中５名を輩出

「浜松は出世城」の言葉の出典はいずこ？

近年、浜松城は「出世城」の名で全国的に知られている。しかし、浜松城が「出世城」と呼ばれるようになったのがいつ頃からなのか、厳密には分からない。だが、明治期にはすでに次のような俳句があり、その中に「出世城」の名が見える。

「はま松は　出世城なり　初松魚」

これは、豊田郡中善地村（現在の浜松市東区）出身の俳人・松島十湖が読んだ一句だ。十湖は明治・大正期に活躍した俳人で、「第二の松尾芭蕉」とも呼ばれ、明治期には県議や引佐麁玉郡長を務めた名士でもある。浜松には現在でも各地に句碑が建っているが、それはすべて俳句普及のために十湖が尽力した名残だ。前出の浜松城を歌った十湖の俳句も、浜松八幡宮の境内に句碑として建立されている。

浜松城は「出世城」の名にふさわしく、歴代の城主から徳川幕府の要職に登用された人物が多い。その歴史事実にあやかって、現在は浜松市は「出世大名家康くん」という、行政のセンスを疑うような（失礼！）ゆるキャラを市の公式マスコットキャラクターに指定している。おそらく彦根市の「ひこにゃん」に触発されたのだろうが、柳の下に二匹目のドジョウがいるとは思わないほうがよさそうだが……。

ともあれ、行政を挙げて「出世城」を激推ししているのは紛れもない事実だ。そこで、ここでは浜松城が「出世城」たる由縁を解き明かしていきたい。

浜松城の歴史は徳川家康に始まる

かつての浜松城は、現在の場所から少し離れた位置にあった。大手通りを挟んだ東側の東照宮（明治維新後に創建）のある場所に存在し、名称も曳馬城といった。

現在の位置に城を移したのは徳川家康である。今川氏から遠江を奪った家康は、三河・岡崎から遠江に拠点を移すのに際し、元の位置（曳馬城址）から現在の位置にまで城の区画を拡大し、やがて天守閣を現在の位置に築城した。

岡崎から曳馬に移った家康は、曳馬という地名が「馬を曳く」、すなわち「敗走する」ことにつながるので縁起が悪いとして、地名を曳馬から浜松へと改めた。

したがって、「浜松城」の初代城主は家康ということになる。のちに家康は征夷大将軍となるから、初代城主にして「出世城」最大の出世頭といえるだろう。

なお、豊臣政権下で家康が関東へ移封されたあと、秀吉の古くからの家臣の堀尾吉晴が浜松城主となった。彼も秀吉政権の晩期には中老になっており、やはり出世の一例として挙げられるだろう。

老中に出世した5人の浜松藩主

とはいえ、浜松を「出世城」と称する場合、徳川政権下で幕閣へと出世したケースを指すのがもっぱらだ。浜松藩260年の歴史のなか、城主となったのは実に22人。このうち幕府の老中になった人物が5人もいる。老中とは、征夷大将軍に直属する職であり、国政を統括する立場だ。将軍を総理大臣とするなら、老中は大臣。ただし、幕閣に入っても城主職は兼務することになるので、現代風にいうならば「県知事と大臣の兼務」といったところか。

最初に老中に出世したのは、松平乗寿（浜松在城：1638～1644年）で、四代将軍・家綱のときに老中となった。次が松平信祝（浜松在城：1729～1744年）で、八代将軍・吉宗のときに、老中として享保の改革に尽力した。3人目の井上正経（浜松在城：1758～1766年）は、大坂城代や京都所司代を経た後に浜松城主となり、九代将軍・家重のときに老中になった。が、わずか2年数カ月で老中職を辞しており、ほどなく没している。

4人目は水野忠邦（浜松在城：1817～1845年）で、唐津藩主から願い出て浜松藩主となった。唐津藩の石高25万石に対し、浜松藩は15万石。大幅な減封となるが、忠邦は「家康公にあやかりたいから」とうそぶいたとの逸話もある。ともあれ、この転封により忠邦の声望は高まり、晴れて幕臣となる。やがて幕閣として着実にステップアップしていくと、十二代将軍・家慶に重用され、老中首座にまで上り詰めた。老中首座として幕府の経済再建計画（天保の改革）を指揮するも、失敗して失脚。独断専行が過ぎたため、多くの幕臣と庶民から恨みを買い、失脚後には江戸の邸宅を襲撃されてしまう。人材難にあえぐ幕府は、のちに忠邦を老中に戻したが、返り咲いてからはさしたる功績を残していない。

最後が井上正直（浜松在城：１８４７～１８６８年）。老中を二期務めており、浜松藩主として幕末を迎えている。明治維新後は上総鶴舞藩に転封され、初代の知藩事を務めた。

この五人の老中以外にも、寺社奉行や京都所司代など幕府の要職に就いた者を出しており、なるほど確かに「出世城」なのである。

現代の出世物語　受け継がれる出世魂

江戸時代の終焉とともに浜松藩は歴史を閉じ、ここに「出世城」のストーリーも終わりを迎える……かと思いきや、明治以降も浜松からは偉大な人物が数多く出ている。「出世城」が紡いできたサクセスストーリーの伝統は、現代にも受け継がれているのだ。

その筆頭格は、ホンダの創業者・本田宗一郎だろう。磐田郡光明村（現在の浜松市天竜区）に生まれた宗一郎は、戦前から自動車修理工場を営み、終戦後にはオートバイを研究・販売。本田技研工業を設立して戦後の浜松の産業界をリードし、浜松市民のモータリゼーション化を促進した。もっとも、浜松市街地の在住者からすると、本田宗一郎は「天竜の人」のイメージが強いのだが……。

浜松出身者となれば、スズキの創業者・鈴木道雄を外せない。彼が創業した鈴木式織機製作所は、当初、浜松の名産品・綿を織る機械を生産していた。しかし、織機の部品を木製から金属製へと切り替える際に、自前で精密機器を作るようになり、その技術がのちに自動車産業へと進出する足がかりとなった。

お隣の湖西市出身（旧敷知郡山口村）出身の、トヨタの創業者・豊田佐吉も、元は織機の発明からキャリアをスタートさせている。スズキやホンダ、トヨタといったメーカーが浜松市内に工場を作り、さらに中小の下請け会社が活動することで、浜松は「もの作り」の街としての地位を確固たるものとしたのである。

浜松は今後もさらに出世物語を進める？

ほかにも浜名郡和田村（現在の浜松市東区）出身の高柳健次郎も特筆に値すべき人物だ。彼は戦前から無線遠視法（テレビジョン）の研究を続け、戦時中は研究の中断を余儀なくされたものの、終戦後の１９４６年にビクターにてテレビ受像器を完成させた。日本におけるテレビ技術の基礎を築き、「テレビの父」とも呼ばれる研究家である。

このように、現代浜松にはテクノロジーによって身を立てた偉人たちが数多く存在するのだ。

かつて江戸時代における浜松城主の出世物語は、組織における昇進や、政争の勝利の賜であった。それはつまり「キャリアアップ」を意味するものであった。一方で、明治以降に浜松で成功を収めた者たちは、研究や技術開発によって立身出世を成し得ている。こちらは「ベンチャー気質」ともいうべきだろうか。

どちらが優れているか……、を論じるつもりは毛頭ない。ただ、同じ「出世」という言葉で括られがちだが、両者の性質は大いに異なる点に注目しておきたい。

冒頭で述べたように、行政は「出世城」をまちおこしの金科玉条のように掲げているが、「出世城」という単語を使えば否が応にも江戸時代の出世譚が想起されてしまう。果たしてそれが現代に合っているのか大いに疑問だ。浜松市内の企業の9割以上が中小企業であることを考えれば、現代浜松人の気風は、独立心旺盛な「ベンチャー気質」ではないか。

いろいろな産業は出尽くしたし、海外には安い労働力があるし、国内の景気はよろしくないし、とかく起業するには悪条件がそろう昨今だが、そこは現代浜松人ならではの独創性で一点突破し、新時代の出世物語を描ききってほしいものである。

1570年、徳川家康が現在の場所に築いた浜松城。家康は17年間を過ごし、戦いに明け暮れた。その後、浜松城主から5人もの老中が出るなどし、城は出世城の異名を取るようになった

1600年代前半に、徳川家康が、東海道の脇街道である姫街道（現在の浜松市北区役所近く）に創建した気賀関所。気賀宿の東からの入り口に設置され、姫街道を通る旅人を取り締まった

【合併】12市町村がまとまって県内最大の80万都市に

政令指定都市化は静岡への対抗意識？

2005年7月、旧浜松市を中心とした12市町村が合併し、新浜松市が発足した。最近、ようやく市民レベルでも新市の実態を実感できてきたのではないだろうか。その間、2007年4月には政令指定都市に移行したことも記憶に新しい。そもそも浜松市の合併は、政令指定都市になることを目的としていたため、まさに「念願を果たす」格好となったわけだ。

浜松市が政令指定都市を目指した契機は、静岡市への対抗意識があるはずだ。「ない」といえばウソになるだろう。静岡市は1998年に旧清水市と合併協議会を設立し、2003年に静清合併。そして2005年には全国で14番目となる政令指定都市となった。浜松市は２００３年に合併協議会を設立したのだから、静岡市の後追いと言われても仕方ない。

とはいえ、そういった情緒的な側面以外にも、浜松市が政令指定都市を目指す理由があった。端的にいうと「市としての権限を強化するため」だ。そもそも旧浜松市は、第二次産業の比率が高い都市だった。合併前の２０００年の国勢調査によれば、旧静岡市の産業別就業人口比率は第一次産業が約３パーセント、第二次産業が約28パーセント、第三次産業が約68パーセント。全国平均にほぼ等しい。しかし旧浜松市は順に約５パーセント、約40パーセント、約55パーセントと「もの作りの街」の性質が際立つ。

〝行政都市〟静岡市と〝商工都市〟浜松市では、都市の産業構造が異なるのだ。県内のインフラを整備する際にも、両市の希望は当然異なる。ところが県議会では静岡市議の発言力が強く、浜松市側の意向は通りにくかった。そこで政令指定都市になることで、業務や税源を市に委譲させる必要があったのだ。決して、静岡市への対抗心だけで合併したわけではなかったのである。

合併で人口を増やして政令指定都市化を目論む

だが、浜松市単独だけでは政令指定都市に必要な人口要件（70万人程度）を満たすことができなかった。そのため、周辺市町村との合併は必須だったわけだ。浜松市は周辺市町村に合併を呼びかけるが、その際には〝対等合併〟や〝ひとつの浜松〟などと、ことさら対等性を強調したものだが、実質的には吸収合併の提案だった。

合併の呼びかけ先としては、当初は湖西市や磐田市の名前が上がっていた。しかし、磐田市からすれば、浜松市とは天竜川で隔てられていて心的な距離感がある。同様のことは湖西市にもいえる。浜名湖で分断されているため、実際の距離以上に〝離れている〟感覚があるのだ。あまり同一の文化圏とは思えない、といったところが素直な感想ではないだろうか。しかも、両市とも財政的に問題はなく、合併によるメリットは少ない。結局、浜松は湖西市と磐田市にフラれてしまった。

反対に、ぜひとも浜松市と合併したかったのは引佐郡（引佐町、細江町、三ヶ日町）、浜名郡（雄踏町、舞阪町）、磐田郡（佐久間町、水窪町、龍山村）、周智郡（春野町）だ。これらの町村は過疎化が進んでおり、財政は逼迫していた。最初は頼り先として当時の天竜市に白羽の矢を立てていたが、その天竜市にしても自立した行政は財政的に厳しく、「寄らば大樹の陰」の大樹になりえる存在ではない。そこでこれらの市町村は結束し、浜松市との救済合併の道を探っていく。要するに、十把一絡げで面倒を見てくれ、というわけだ。

天竜・北遠地域との合併は、いまだに住民から「天竜や北遠はいらなかった」と疑問視されるほどだ。しかし、多額な財政赤字を請け負ってまでも、これら10市町村の人口を〝接収〟する必要があったのだ。

旧浜北市の手練手管な交渉

ここで合併のキャスティングボートを握ったのは、人口約8万6000人（当時）の浜北市だった。自分たちが編入すれば浜松市は政令指定都市になる。それは自明の理だが、同時に市としての権限を奪われてしまい、都市開発や福祉の面で後回しにされたりして、浜松市に「食われて」しまう危険性も高かった。いくら浜松市が〝ひとつの浜松〟と甘い言葉をかけてきても、絶対に対等合併などはあり得ないと判断したのだろう。

浜北市は、浜松市が提唱する編入合併を渋り、当初は新市を作る新設合併（旧静岡市と旧清水市の静清合併はこのケース）を対案に出した。そして合併協議会でも、最後まで首を縦に振らずに交渉を進めていき、合併後に自分たちに利益があるような条件を引き出し、そこでようやく合併に応じたのである。実に交渉上手だ。

事実、合併後に旧浜北市は、そっくりそのまま浜北区になっている。旧自治体がそのままひとつの区にスライドしているのは、12市町村が合併した浜松市の中でも、この浜北区だけだ。

そして、合併後の浜北区（旧浜北市）では、すぐさま再開発事業が始まった。きらりタウン浜北（染地台の再開発）、サンストリート浜北、さらに浜松赤十字病院（浜松日赤）が中区から移転してくる……。このように実例を挙げたらキリがない。その影響からか、浜松市で今もっとも人口増加率が高いのは浜北区である。

他区は、区役所を新調するような、申し訳程度の恩恵にしかあずかれていない。それに対して浜北区は、庁舎こそそのままだが、唯一といっていいほど町が活況を呈している。この合併の真の勝者は、間違いなく浜北区、そう断言してもよかろう。

クッキリ分かれた勝ち組と負け組

合併前に盛んに連呼していた〝ひとつの浜松〟というお題目はどこ吹く風、実際に合併してみたら、勝ち組と負け組にくっきり分かれてしまったのが浜松市の合併事情である。合併前は、各地域の文化や伝統を重んじ、各地域の自治を尊重する「クラスター型政令指定都市」を喧伝し、そのために地域自治区や地域協議会が設置された。この試みは全国的にも注目されたが、２０１２年３月、「合併時の未調整事務事業の調整」が終了したとの理由で、廃止されてしまった。地方自治どころか、結局は「慣れ親しんだ」親方日の丸体質に移行しただけである。

その体制下で区レベルでの勝ち組は、前述のとおり、浜北区の一強状態。また、産業（林業）の後継者不足と高齢化と財政赤字のトリプルパンチで、ドン詰まりの完全ノーフューチャー状態だった天竜区も、合併によって浜松市に救済してもらったわけだから、勝ち組とまでは言わないものの、十分に恩恵を受けたクチだ。

一方で北区は、都田テクノパーク周辺の住民が減少傾向にあり、浜北区に住民も客も取られてしまった。また、旧浜松市にしても、政令指定都市にはなったけれど、財政赤字を抱え込むことに。旗振り役がババを引く格好となり、だからこそ市民のあいだで不満もフツフツと高まっている。

もちろん、政令指定都市化によるプラスの効果なんてものは、これから徐々に出てくるものだ（と思いたい）。旧浜松市の住民からしても、そろそろ目に見えるかたちで結果が欲しいはずだ。

合併前の初心に立ち返って、第二次産業を中軸に据えた「もの作りの街」としての都市再開発を進めるべきじゃないですか？

浜名湖北東に位置する北区は、三ヶ日みかんなどの農産物のほか、観光資源も豊富。しかし一方で、浜北区の活況に押され、都田テクノパーク周辺からは流出する住民が増えている

12市町村の大合併以前、すでに過疎化が問題となっていた引佐郡、浜名郡、磐田郡、周智郡の９町村から合併話を持ちかけられた旧天竜市。しかし、財政難の中、出た結論は、浜松市への合流だった

【産業】ヤマハが時代を牽引しスズキを頂点に今なお

浜松の製造業の礎となったヤマハ

浜松の産業といえば、製造業（工業）。東京と大阪のほぼ真ん中という好立地、温暖な気候、天竜川などの豊富な水資源を武器に成長した。その実力は県内屈指、工業製造品部門のシェアは3位。何と浜松は、静岡県の工業・製造業の事業所数の21・6パーセント、従業員数の18・7パーセント、製造品出荷額の12・8パーセントを占めている（2010年度）。1926年、世界初の電子式テレビジョンの電送・受像（片仮名の「イ」の文字を送信した有名な実験）に成功したのも、浜松高等工業学校（現・静岡大学工学部）の高柳健次郎助教授だった。

工業立国・浜松において基幹製造業というべきが、自動車（付属品含む）、楽器、繊維、光・電子産業で、２０１０年の出荷額は順に７６４０億円、２２９億円、２４４億円、２９８４億円。この４つで浜松の工業製品出荷額の５割を超えている。そして、こうした浜松の近代産業の礎となったのが、世界的楽器製造メーカーとして名高いヤマハであろう。

浜松では、江戸時代から繊維、製材、木工加工産業が盛んで、明治～大正と機械工業化されて街を発展させてきた。こうしたもの作りの街で、ヤマハの創業者、山葉寅楠が初の国産オルガンを作ったのが明治20（１８８７）年。これが、ヤマハの楽器メーカーとしての源流だ（１８９７年、日本楽器製造株式会社として会社設立）。

大正時代に入ると、ヤマハは航空機のプロペラ、エンジン製造にも乗り出し、この流れは後のオートバイ製造（ヤマハ発動機）へとつながっていく。とはいえ、浜松におけるヤマハといえば、やはり世界に名立たる楽器メーカーだ。戦後、わずか2カ月ほどでハーモニカ、シロフォンの製造を再開した同社は、戦後の混乱期にもかかわらず、１９４７年には早くもピアノ製造まで再開したという。いかにも浜松人らしいというか、もの作りへの執念、そして俗にいう「やらまいか精神」を感じるエピソードだ。また、こうした戦後の動きは、相当数の雇用も生んできた。ヤマハは、浜松の戦後復興に大きく貢献し、高度経済成長期を通じて浜松の工業、経済をリードしてきたのだ。

河合楽器にローランド　楽器メーカーの聖地だ

浜松を本拠地とする楽器メーカーは、ヤマハだけではない。現在、河合楽器とローランドも浜松に本社を置き、いわば大商いをしている。近年、工場が他市へ移転などもしているが、浜松のピアノ製造全国シェアは、ほぼ100パーセントを保っている。

ただし、楽器業界で見ると、少子化もあり、業績悪化は周知の通り。2013年3月期の決算によると、ヤマハは中国市場でのピアノ販売が伸びてわずかに増収。河合楽器は電子ピアノの海外販売などが伸びたが、全体としては減収。ローランドも減収という結果に終わった。3社とも、ヨーロッパでの販売が不振なのだという。

製造業の街、浜松といえども、作っておしまいというわけにはいかない。原材料や製造コスト、人件費が厳しい時代にあって、販売・営業もすべてを含めメーカーの趨勢が、下請けほか浜松の製造業全体に跳ね返ってくる。景気の動向に左右されやすいあたりが、製造業シティの弱点ではある。

自動車のスズキが浜松の行政も左右⁉

一方、自動車のほかオートバイ（付属品含む）なども含めた、輸送用機械器具製造部門で浜松を支えているのはスズキだ。

２０１０年の製造品出荷額を部門別に見ると、２位のプラスチック製品（１１５３億円）を大きく引き離し、輸送用機械器具は９１０４億円と断然トップ。自動車や関連する付属品は単価が高いので、一概に出荷額だけで比較はできないし、スズキ１社の業績でもないが、浜松に強く根を張る同社が牽引しているのに違いはない。

スズキ創業は明治42（1909）年。繊維工業で沸く浜松らしく、織機製造会社に端を発するスズキは、戦後、オートバイ製造へと舵を切り、さらには小型車製造もスタートさせる。現在では、軽自動車部門では日本屈指のシェアを誇る一大企業となった。

本社と隣接する高塚工場という巨大な箱だけではなく、至る所に関連会社や販売店があり、浜松はやっぱりスズキの街なのだと納得する。浜松を歩けばスズキ（と鈴木姓の方）に当たる、は本当だ。

実際、スズキの浜松における影響力はとてつもない。善し悪しは抜きに、市長がスズキの鈴木修会長の意向をうかがうのは当たり前。関連企業も含めると相当な雇用を生んでおり、市に納める税金だって半端ではないのだ。鈴木修会長なくして浜松市政は語れないというのは、浜松人なら誰でも知っている常識。飲み屋で「ヤマハの社員ならツケでもいいけどスズキはだめ」と言われたのも今は昔。現在、浜松におけるスズキの地位は、豊田市のトヨタなのだ。

もちろん、それほど強い影響力を持つスズキは、ただ威勢がいいだけではない。スズキの自動車は、すこぶる評判がいいのだ。

フルモデルチェンジした2代目スイフトなどは、車好きの玄人にも認められ、世界でも高い評価を得ている。ワゴンRにしても、発売当初から人気車だったが、実に手堅いモデルチェンジを繰り返し「軽の王様」に君臨している。

さらに特筆しておくべきは、スズキの営業姿勢か。鈴木会長本人が、全国のディーラーや小売店を行脚。自社製品を売ってくれている人へ、自ら挨拶に出向くという。こうした気遣いは、ご当地の浜松でも力を発揮したはず。スズキイズムここにあり、である。

浜松といえば、ホンダ（本田技研工業株式会社）も忘れてはいけない。創業者・本田宗一郎は天竜の鍛冶屋の息子として生まれた。そして、のちにF１レースで世界を席巻するだけでなく、市販のスポーツカーはもちろん、オートバイのカブ・シリーズといった庶民の足まで幅広く世界に送り出していくホンダは、１９４８年、浜松市内に創業している。

カブで加えれば、世界で大人気のスーパーカブ・シリーズが、２００８年４月までに生産６０００万台を達成。ホンダによれば、輸送用機器の1シリーズとしては世界最多量産・販売台数を記録（続伸）しているのだという。

ヤマハやスズキ、そしてホンダ……と相次ぐ浜松での創業を見るに、浜松には「もの作りの神」がいるんじゃないか。そんな理屈を超越した思いさえしてくる。

その一方で、自動車に比べ売り上げ減の苦境に立つのが、前出3社もそろって手がけるバイクだ。

生産台数を見てみると、2013年（予想）は63万8千台。1980年には643万台を生産しており、33年間で実に10分の1にまで激減。2008年の122万台と比べても半減している。多くの業界同様、バブル崩壊以来続いた不景気と、2008年のリーマンショックは大打撃であった。なお、ホンダが生産工場を熊本へ移転する中、ヤマハとスズキは浜松周辺での生産を続けている。が、バイクはどこか趣味の域にある乗り物のためか、国内での2輪車離れは止まることを知らない。

そうした中、2輪メーカーが注目するのは東南アジア市場か。かの地では、2輪が日本での自動車感覚で売れるという。しかも、いくつもの下請け工場でつくった部品を組み立てるアッセンブリー産業といわれる自動車とは違い、2

輪車はタイヤ以外のほとんどの部品を自前でつくれることから、本来は利益率が高いといわれる。2輪メーカーの現状は、マイナス要因ばかりでもないようだ。

世界的な実力を誇る浜松の光・電子産業

テレビ開発者の弟子らが創業した浜松ホトニクスを筆頭に浜松の光・電子産業は、実は世界をリードする実力者。すばる望遠鏡やニュートリノを検出するスーパーカミオカンデなどの超精密機器にも、ここの製品が使われている。

もうひとつ、浜松には東海旅客鉄道（JR東海）浜松工場がある。日本の鉄道の代名詞、新幹線車両のほか、在来線や遠州鉄道、天竜浜名湖鉄道の車両も検査を行っている。浜松に「のぞみ」が停車しないのは、ちょっぴり寂しいが、マニアでなくとも一度は見たい検査車両923形・ドクターイエローもここで検査を受ける。さらに、毎夏には一般公開イベントが開催され、鉄道ファンや家族連れで大いににぎわう。

浜松市中区にあるヤマハ本社。現在は本業であるピアノ事業の不振を多角化経営でカバー。ちなみにオートバイ事業は意外と好調

JR高塚駅近くに鎮座する浜松の雄・スズキの本社。二輪車のエンジンを製造する高塚工場が隣接している。スズキは、軽自動車販売数で1973年〜2006年まで34年連続日本一を記録した

【インフラ】鉄道はいろいろあるが結局はクルマ至上社会

政令指定都市も「のぞみ」はスルー

東海道五十三次のほぼ中間点にあった浜松は、かねてより多くの旅人でにぎわい、大名たちが泊まる本陣が6つ、旅籠は94もあったという。浜松は陸路の要衝として発展してきたというわけだ。ちなみに、現在では浜松市の一部になっている舞阪は、舞坂宿として独立した宿場町だった。

東海道そのものの歴史は律令時代までさかのぼるといわれるほど古く、日本人にとってはなくてはならない幹線道路だったわけだが、近代に入り鉄道が敷かれるようになると、その重要性はさらに増すことになった。

1889（明治22）年、新橋～神戸間がつながった東海道本線。東海道は時代とともにいくつかルートが変更されているが、浜松は常に東海道中の宿場町として栄えてきた。そして、製造業の町・浜松は、鉄道によって物流の利便性が増し、その発展に勢いがついたのである。

1964年には東海道新幹線が開通。浜名湖周辺や天竜川など観光地としても有名な浜松は、東西を問わず、人々にとって非常に訪れやすい街になった。

JR浜松駅の1日当たりの乗車人数は、3万5047人（2011年）。これはもちろん、在来線（東海道本線）を含んだ数字だが、全国でも十指に入る数だという。とはいえ、静岡駅同様、政令指定都市にもかかわらず「のぞみ」が停まらない寂しさ。かつて、静岡に座する静岡県知事が「のぞみが停車しないなら通過料をとる」と発言したそうだが、浜松ではそうした過激発言は聞かれない。駅の利用客は多いのに不便なのでは？　とは外の人間の考え方。いかに製造業で発展しようと、やはり風光明媚な浜名湖や遠州灘が見所の、のんびりした田舎なのである。

高速道路２本でアクセスも超便利

東京と名古屋を結ぶ、東名高速道路も、浜松発展の要因だろう。とりわけ製造業、農業、漁業といった産業面においては、高速が果たす役割は非常に大きい。

１９６９年に全線開通した東名高速は、浜松の産業を支える物流の動脈だ。２０１１年の浜松インターチェンジ（以下ＩＣ）の出入車両数は９９９万台。１日当平均２万７千台。静岡県では、沼津（１２３０万台／年）、静岡（１０２０万台／年）に次ぐ多さであり、この数字は微増傾向にある。浜松には、ほかにも浜松西ＩＣ、浜松浜北ＩＣなどもあり、高速道路へアクセスしやすいのも特徴。

また、新東名高速だが、２０１３年春、御殿場ジャンクション(以下ＪＣＴ)から三ヶ日ＪＣＴまで開通し、２０１４年には、浜松いなさＪＣＴから豊田東ＪＣＴまで延伸された。浜松市が企業誘致用に出しているパンフレット「浜松市企業立地ガイド」にも、「これにより輸送ルートがさらに充実する」と惹句が躍る。まったくその通りなのだが、実はこの交通網の充実という方向性が、市民生活に意外にも不便を強いている点については後述する。

遠州鉄道と天浜線　市を走る2路線の明暗

大都市とのパイプではなく、浜松市内を巡る交通事情はどうなっているのか。鉄道は前出のJR東海道線（新幹線）のほか、南北を走る私鉄・遠州鉄道と東西を受け持つ第三セクター・天竜浜名湖鉄道（天浜線）の2本がある。

新浜松と天竜区の西鹿島駅を結ぶ遠州鉄道は、市街地の一部で高架化され、住民の通勤の足として市街地を駆け抜ける。日中はのんびり感が漂うものの、朝夕はサラリーマンや学生たちでプチラッシュの様相も見せている。年間の乗降者数は1993年の977万人をピークに増減を繰り返し、2010年は911万人。まあ、元気のいい路線といえるだろう。

天浜線は、掛川～新所原間の約67・7キロメートルを走るローカル線。遠州鉄道とは違い、名所巡りの観光鉄道の色合いが強い。地元に暮らす人々の、大事な足となっていることは紛れもない事実だが、そもそも戦時に「東海道線が空襲で分断されても軍需物資輸送ができるように」という目的で敷設された鉄道線を利用しているわけで、平時の需要はもともと考えられていなかった。結果として利用客は年々減少の一途をたどり、２０１０年の年間乗車人数は１５８万人。

１９９０年代後期には、この天浜線と遠州鉄道が、天竜二俣駅で乗り入れる計画が持ち上がったこともあった。浜松市も、乗り入れに関する事業費や経済効果などを調査したが、現在、その計画に進展はない。資金不足や収益が見込めなさそうなことが原因らしい。トロッコ列車など旅情あふれる車両を投入して観光客を呼び込む努力をしてはいるものの、これがもしＪＲ路線なら廃線確実という声もあるほど低調だ。

そんな天浜線でも、日頃から利用している地元民、特に高齢者にとってはなくてはならない生命線なのだが、その存続は観光客と熱心な鉄道ファンにかかっているというのが現状かもしれない。

独自のサービスで四苦八苦する路線バス

ローカル線の厳しい現状の次は、より細かな市民の足、路線バス網について見てみよう。

1986年に浜松市営バスが撤退して以降、公共のバス事業を請け負っているのは、遠州鉄道バスだ。浜松駅北口の巨大な円形バスターミナルは、遠鉄バスが運営する高速バス、市内各路線バスなど全部で16の乗り場がある。ところが、実際にはこの遠鉄バスは浜松の隅々までカバーしているわけではない。そうした地域を走るのは遠鉄バスだけではなく、市が複数の民間事業者に委託した自主運行バスだ。

それら自主運行バスの路線は、にぎやかな市街地あり、住宅地あり、農村地帯ありと実にさまざまで、高齢者や学生など、住民の大切な足となっている。だが路線によっては本数が少なかったり、運行間隔が長かったり、中には予約制という奇妙な運行形態のバスもあったり……。運営会社は、乗客の少なさと、その少ない乗客のニーズにどう応えるかというジレンマに陥っているようだ。

たとえば、「く・る・る」の愛称で親しまれる浜松市循環まちバスや、イオンモール浜松市野～天竜川駅間を運行する25人乗りバス、通称「ひがしくん」などは、バスは小さいながらも、かつてあった生活目線で地域を巡回し、おおむね好評だ。中区の中心部を走る「く・る・る」は9時30分頃から17時30分頃まで、ほぼ20分間隔で運行しているし、ひがしくんは1時間に1本ながら、天竜川沿いに暮らす人々をせっせと運んでいる。

一方で、引佐地域で2012年に運行を開始した「いなさみどりバス」や、「浜北コミュニティバス」をはじめとするほとんどの自主運行バスは、ワゴンタイプの車両を使っており、運行路線が曜日によって違うこともザラ。また、予約専用のタクシー（普通小型車）車両を使っている路線もある。これらは、明らかに利用客の少なさゆえの苦肉の策。商業ビルが建ち並ぶ駅周辺と、開発が進む遠州鉄道沿線以外は、はっきりいってマイカーがなければ移動もままならない。それが浜松の交通事情なのだ。

2本の高速道路に東海道と道路網が発達した浜松は、車がなければ生活しにくい典型的な地方都市である。街全体が、いかに車に依存しているか、いかに

バス同士の乗り換えに便利な円形状の浜松駅バスターミナル。路線バスを走らせる遠州バスの乗り場が基本だが、浜松市循環まちバス「く・る・る」や、他社の高速バス乗り場などもある

車優先で開発されてきたかは、市街地を歩くことでさらに実感できる。何しろ横断歩道が少ない。歩行者は、階段で地下道に降り、再び階段で地上に上がらなければならない。いくら安全でも、歩行者にとって相当なストレスだし、高齢者には負担が大きすぎる。自動車工業の街なんだから車に乗ればいい、といわんばかりのまちづくりには、とりわけ高齢者や観光客が呆れている。

2013年春に御殿場JCTから三ヶ日JCTまで開通、2014年には浜松いなさJCTから豊田JCTまで延伸された新東名高速道路のおかげで、西遠地方の企業立地は好調に推移した

赤色塗装が標準色で、「赤電」の名で親しまれている遠州鉄道。新浜松駅を起点に市内を北上、天竜浜名湖鉄道と接続する西鹿島駅までの17.8キロメートルを走る。市民の足として重要な路線だ

【農業・漁業】自然に恵まれた第一次産業の王国

出荷額が全国でトップレベルの三ヶ日みかん

楽器3大メーカー、そして自動車メーカー・スズキ王国のイメージが定着している浜松。しかし、実は農業大国であることも忘れてはならない。農業総出荷額は、2000年に600億円を割り込み、以来500億円半ばを推移しているが、これは日本全国的にいえる、輸入農産物の存在、農家の後継者不足、農地の宅地開発などといった問題からきている。それでも浜松は、全国市町村別農業出荷額全国4位（2006年）と、堂々の農業国なのである。

農産物の内訳（2006年）は、出荷量が多い順に、みかん、米、菊、茶（生葉）。米は静岡県内でトップの出荷量を誇るが、浜松市内の出荷量で見れば、やはりみかんがダントツ。出荷額（2006年）は約153億円で、同年の農業総出荷額の28パーセント超を占めているほどだ。

浜名湖周辺で栽培される浜名湖みかんのうち、三ヶ日地域の品は、別ブランドの三ヶ日みかんとして出荷される。三ヶ日はまさにみかんの街で、農協の看板にはマスコットのミカちゃんの笑顔があふれているし、みかんのオブジェもいっぱい！　実は、みかんの一大産地ぶりを、地元では大いにアピールしている。が、その声は東京や大阪など、一大消費地まで届いているかといえば微妙だ。

2009年、三ヶ日はこのみかんを使った「みかん飯」を全国B級グルメスタジアムに出品。酢飯にみかんペーストを混ぜたいなり寿司と巻寿司は、けっこう評判がよかった。が、それも今は昔。農協直営店のある従業員氏は、売っていないどころか存在すら知らない始末。当時はちょっぴり話題になったけど、観光資源のB級グルメ化はしなかったってわけ。事実、このみかん飯、東京圏ではまるで知られていない。なお、三ヶ日の農協で今イチ押しは、「青島みかんジュース」だとか。

また、菊も浜松の大事な農産物だ。２００６年の産出額は23億７千万円で全国３位。浜松での菊栽培は、大正時代の始めに芳川地区で夏菊が栽培され出したのが最初といわれている。その後、栽培技術が進歩し、昭和20年代に小菊の栽培を開始。年末に収穫される小菊は、今では浜松の菊の代名詞ともいうべき良品質の菊として、全国にいき渡っている。

極上の茶どころながらマイナーブランド感？

静岡県といえば、お茶もある。２０１１年の茶出荷額は４１２億円（生葉と荒茶の総額＝以下すべて）と、全国（１０６６億円）の約４割を占める。そんな静岡県にあって、浜松はそれほど産地ではない。２００７年、浜松の出荷額は17億円。たとえば、静岡市の出荷額82億円とは雲泥の差だ。

浜松市のお茶は大きくふたつ。三方原、引佐、浜北地域で生産されている浜松茶と、天竜区の天竜茶がある。浜松茶商組合によると、浜松茶は、その多くが浜松で消費されるが、濃い目の味が人気で、一部は静岡方面にも出荷されているという。どちらかといえば、全国流通の静岡茶と違って、地産地消ブランドだ。

一方の天竜茶は、天竜市が浜松に合併する前、２０００年の出荷額は５億円で、天竜区単独での出荷量は、今もほぼ横這いで推移していると考えられる。なお、浜松農協が窓口となっている天竜茶振興協会は、次のように天竜茶を紹介している。「透明感のある薄い黄緑色のお茶ながら味わいは濃厚で、最後の一滴まで美味しいと評判です。茶園は天竜川上流の標高１００～７００メートルに点在し……」云々。実に旨そうだ。浜松茶にしろ天竜茶にしろ、決してマイナーブランドではないはず。それがなぜか知る人ぞ知る、何だか通好みの茶といった印象が強い。今でこそ浜松茶商組合、天竜茶商組合、浜松農協などは、観光パンフレットやネットでの宣伝に余念がないが、みかんもお茶も、浜松農業関係者は、外へのアピールが上手ではなかったのかも。

一方で、浜松商工会議所が浜松の産業促進のために認定する「やらまいか認定商品」にも天竜茶は名を連ねる。が、農水特産品部門で認定されている三ヶ日みかんや浜名湖うなぎに対し、天竜茶は地場食品に分類されている。このあたりに、天竜茶のやや弱い立場を感じてしまう。まあ、そもそも論でいえば、浜松の茶園面積が約950ヘクタール（2009年）なのに対し、たとえば静岡は2440ヘクタール。栽培面積が小さいのだもの、今の小ブランド感はやむなきことか。とはいえ、少量でも高品質の特級品、そんなお茶の生産に未来がなくはない。

森林・林業ビジョンで取り組む浜松の林業

天竜地域は、全国屈指の木材生産地としても名高い。浜松市のデータによると、静岡県の森林は計49万9千ヘクタールで、浜松が10万3千ヘクタール。県内の森林面積の約2割を浜松が占め、その多くが天竜区に該当する。

古くは奈良の時代から、良質な木材の産地として名を馳せてきた天竜。その森林は天竜美林と呼ばれ、奈良の吉野、三重の尾鷲と並び日本の三大人工美林に数えられている。無計画な伐採や山林の開発などにより、全国的に林業の衰退が叫ばれる今、浜松は独自の森林・林業ビジョンによって天竜の林業を盛り上げようとしている。

林業による経済発展だけにとどまらず、森林による水資源の確保、二酸化炭素吸収による環境保全、さらには美しい森林を活かした観光事業などなど。森林・林業ビジョンはさまざまな方向から林業の活性化を図る一大プロジェクトだが、植林から計画伐採まで何十年という時間がかかるのが林業の定め。実際、浜松の森林整備計画による標準伐期は、スギで40年、ヒノキで45年とある。豊かな森林を旗印に観光客を呼び込んだとしても、林業そのものの結果が出るのはまだまだ先。しかし、木材をふんだんに使った天竜区役所の美しさを見るに、国内林業の大事さを痛感させられる。

鉄板のブランド力　浜名湖うなぎ養殖

浜松といえば、浜名湖うなぎが全国区の名物だ。浜松に出張に行ったなら、うなぎは無理でも、とりえず「うなぎパイ」をお土産に買うのが日本国民のルールである。が、浜名湖うなぎに関して、日本国民の多くが誤った認識を持っている。「浜名湖のうなぎは、浜名湖内で養殖されているわけではない」（浜名湖養魚漁業協同組合）のだ。「浜名湖うなぎは、浜名湖周辺に専用の池を造って養殖している」というのが正解。

もちろん、それらの鰻養池（養殖池）で養殖されればいいというわけではない。浜名湖うなぎは、浜名湖周辺（浜松市、及び隣の湖西市）で養殖され、100日以上給餌・育成された150グラム以上のうなぎと定義されている。

静岡（浜松）の養殖うなぎの漁獲高は、鹿児島、愛知（一色町）に及ばぬ563トン（2006年）。しかし、浜名湖うなぎの知名度は特別だ。鹿児島などは、養殖業者が分散していてブランド力がないともいわれているが、その点、浜松のブランド力は抜群。

ニュースでは、価格高騰にともなう人々のうなぎ離れが懸念されているが、何だかんだいっても日本人はうなぎ好き。多くの漁業同様、生産規模、漁獲高の先細りは否めないものの、うなぎ好きな国民のために奮闘してもらいたい。

うなぎと並ぶ浜松の養殖産業が、すっぽんだ。全国シェアのおよそ70パーセントを浜松が占めているというから大したもの。すっぽんは高級食材なので、一般家庭の食卓に上がることは少ない。しかし、１９００年、舞阪に養殖池が作られて以来、１１０余年にも及ぶ浜松の伝統的地場産業になっている。

遠州灘の沿岸漁業はシラス漁で日本一！

浜松の漁業には、前述のうなぎやすっぽんといった養殖のほか、舞阪漁港を拠点に遠州灘で操業する沿岸漁業、浜名湖の湖面漁業がある。沿岸漁業でもっとも多いのがシラス漁。湖面漁業ではアサリ漁がもっとも多い。浜名漁業協同組合によれば、年間約８５００トン（２００７年〜２００９年の３年間での年平均）の水揚げがあり、その75パーセントがシラスとアサリ。特にシラスは、県内で最大の漁獲量を誇るという。

遠州灘では、ほかにも全国的に貴重な天然のトラフグも揚がる。自然に恵まれた浜松の第一次産業は、海も山もあなどれないのだ。

【災害】数々の自然災害を経て巨大地震にどう対処？

「次起こる地震」として恐れられる南海トラフ

最近やけに「南海トラフ」という単語を耳にする機会が増えたのではないだろうか。多くの浜松在住者はご存じとは思うが、中には「今さら聞けない！」と悶々としている人もいるのでは？

南海トラフとは、要するに太平洋側にある溝（トラフ）のことで、駿河湾南部から日向湾沖まで何と全長１０００キロメートルにも及ぶ巨大な活断層である。

南海トラフを震源地とする巨大地震が発生した場合、想定される最大マグニチュードは９クラス！　東日本大震災と同等かそれ以上になる可能性を秘めており、この地震によって浜松市（とりわけ南部）は壊滅的な打撃を受けることが予測されている。

しかし、懐疑的に思う人も少なくない。「『いつ来てもおかしくない』といわれた東海地震だって、まだ起きてないじゃない」というのは、浜松市在住の自営業Aさん。東海地震の危険性が指摘され、大々的に喧伝されたのは１９７６年のこと。ロッキード事件が起きた年だ。昭和は遠くなりにけり、なるほど確かに巨大地震発生に懐疑的になるのも無理はない。

とはいえ、その東海地震にしても南海トラフの一部に過ぎない。そして、マグニチュード8以上の南海トラフ大地震は「今後50年以内に90パーセント以上」の発生確率とされている。

そう聞くと恐ろしくなるが、この確率の仕組みを解説するには過去の地震実績とも関連がある。この南海トラフ、過去にどんな地震を起こしてきたのか？

浜松を襲った巨大地震の歴史

そもそも地震の発生確率は、大地震は一定周期（年数）おきに確実に起きることを前提としている。南海トラフの場合、１３６１年の正平地震を起点として周期を数えている。正平地震は『太平記』にも記述が残っている。そして、次に起きた南海トラフ大地震といえば、１４９８年の明応地震。このときは、浜名湖と遠州灘を隔てていた陸が決壊して海とつながり、以降、浜名湖は淡水湖から汽水湖になった。このときの推定マグニチュードは８・２〜８・４である。

戦国時代の１５７８年には、遠江国内で「50年以来の大地震」が起きたと徳川家臣・松平家忠が『家忠日記』に記している。

江戸時代中期の１７０７年に起きた宝永地震は、推定マグニチュード８・４。舞阪では津波による死者も出ている。この地震以降、各地で大きな余震も断続的に起こり、また49日後には富士山が噴火した（宝永大噴火）。

幕末の江戸を襲った安政大地震は１８５５年だが、その前年には南海トラフを震源地とする安政東海地震が発生。推定マグニチュードはやはり８・４で、旧浜松市域では震度７。舞阪は津波の被害を受け、新居関の付近では道路から泥水が噴出、つまり液状化現象があったことも記録されている。また、下田に来航中だったロシア船ディアナ号はこのときの津波で大破し、沈没した。

第二次大戦中の１９４４年に起きたマグニチュード７・９の大地震は、東南海地震の名で知られている。死者は１０００人以上出たとされるが、軍部に情報統制されたせいで、正確な被害や地震の規模は不明だ。

このように、南海トラフではマグニチュード８以上の大地震が、約90～１５０年周期で発生してきた。政府の地震調査委員会は、次の巨大地震までの間隔を88・２年と推定しており、すでに前回の東南海地震から約70年が経っている。周期通りなら「そろそろ来る」のだ。そのため、ここにきて南海トラフの危険性がことさらクローズアップされている。

歴史的に見ても、浜松は〝揺れる〟のだ。この土地で暮らす以上、大地震への対策は欠かせないものと覚悟しなくてはならない。

浜松の津波対策はどうなっている?

2013年4月23日、天竜区で幅70メートルに渡る大規模な地滑りが発生した。茶畑がえぐり取られたようなショッキングな映像は、全国ニュースでも取りあげられて世間の耳目を集めた。地震との関連性は不明だが、事前の避難勧告などの対策が奏功して被害を抑えられたのは何よりだ。

この件からも分かる通り、静岡県や浜松市の災害対策は、着実に効果を発揮している。では、きたるべき南海トラフ大地震に対し、行政はどのような対策を講じているのだろうか。

そもそも静岡県内の建物は、東海地震対策として早くから耐震・免震に取り組んできたので、ある程度の地震には耐えるだろう。しかし、先般の東日本大震災のように、本当に怖いのは地震後の津波だ。天竜川や浜名湖をさかのぼって津波が押し寄せてきたら、手に負えない。舞阪から気賀にかけての地域は、歴史的にも数々の津波被害を受けてきた。

南海トラフ巨大地震での浜松における津波の高さは、静岡県は最大15メートルと想定している。通常なら国から補助金（原則2分の1）を得て防潮堤を築くところだが……、しかし静岡県と浜松市はその選択をしなかった。というのも、国からの補助金を得ると、建築場所や施工方法などを細かく指定されてしまう。本当にその土地に合った対策が講じられるか、災害のないときの生活環境を維持できるか、はなはだ疑問だ。

そこで浜松市は、浜名湖から天竜川河口に到るまでの地域において、17・5キロメートルに及ぶ保安林に土を盛り、ウミガメが産卵に訪れる自然環境を守りつつ、防潮堤の役割を担わせようと試みている。浜松が独自にこのような施策が採れるのは、事業費の全額３００億円を民間企業・一条工務店が寄付してくれたからである。同社の浜松愛と男気に感謝感謝、だ。

ただし、この防潮堤はレベル１（50～１５０年に発生するレベル）の津波を想定したもの。東日本大震災のようなレベル２には対応できない。万能ではないので、過信は禁物だ。日頃から避難場所を確認しておくなど、個々人の心がけが肝要となる。何だか当たり前の結論だが、警戒しすぎて損をすることはないはずである。

浜松市コラム

個性的で面白い浜松市動物園 1

日本は国土が狭いわりに動物園の数が多い。そのため か、一時はお出かけスポットとしてはマンネリ気味で、魅力も薄れかけていたが、最近は動物園の人気がかなり持ち直してきているという。

日本の動物園は都市型と郊外型に分けられ、展示方法もコンパクト系(都市型)やサファリ系(郊外型)などがある。近年、郊外型動物園の代表格として、絶大な人気を博したのが、日本でもっとも北にある動物園「旭山動物園」である。展示動物はさすが北海道だけあって、ホッキョクグマ、アザラシ、ペンギン、ユキヒョウ、アムールトラ、エゾヒグマ、トナカイなど特徴的だが(ライオンやキリンもいるけどね)、ご存知の通り、同動物園は「行動展示」で有名だ。従来の動物園の展示方法といえば、野生動物をその生息地ごと展示する「生態的展示」や、同類の動物を並べて展示する「分類学展示」など、動物の動き

よりも佇まいを見せる展示方法が主流だった。対して行動展示とは、動物が本来持っている、走る、飛ぶ、泳ぐなど動きの迫力や美しさを見てもらうため、動物本来の動きを自然に引き出そうとする展示方法で、「動物園のイノベーション」ともいわれ、今や多くの動物園がこの方法を取り入れている。だからといって、従来の展示方法が否定されたわけではなく、国内最大級の都市型動物園である「よこはま動物園ズーラシア」は、ほぼ全面的に生態展示（アフリカのサバンナなど）を採用した動物園として、人気を博している。

で、ここからが本題の浜松市動物園。子供の頃から浜松に住んでいる市民なら1度は遠足などで訪れたことがある同動物園は、19

50年、浜松城内に市営動物園としてオープン。その後、1983年に浜名湖畔の舘山寺総合公園内に移転し、フラワーパークと併設され、コンパクトな都市型動物園から、約15ヘクタールの敷地を持つ本格的な郊外型動物園に生まれ変わった。市営動物園だから入園料も格安な上、ニシローランドゴリラ、スマトラオランウータン、ゴールデンライオンタマリン（日本で唯一ここでしか見られないブラジル生まれの小型サル）など霊長類の展示は国内最大級。また、動物の繁殖にも力を入れており、人工哺育で育ったアムールトラのテン（現4歳）の成長を楽しみに来園するファンも多いという。

とはいえ、こうした特徴的な展示があるにもかかわらず、入園者数の減少が止まらない。打開策としては、施設のリニューアル、行動展示の導入などのアイデアが出されているものの、いずれも整備費がそれなりにかかってしまう。でもまあ、ハードをどうするかということより、まずは観光客（団体）誘致を含めたPR活動や情報発信を大々的にすべきだろう（整備費をかけるよりずっと安上がりだし）。話題になった名古屋のイケメンゴリラ（東山動物園）のように、既成の枠に捉われない面白いPRの切り口はあると思うのだ。

第2章
徳川ではじまる？
浜松市の歴史

旧石器時代の浜北人に遡る歴史
南北朝争乱の舞台になった遠江国

浜松の歴史は浜北人から始まる

浜松で育った者であれば、誰もが小学校の社会の授業で「浜北人」の名を叩き込まれたはずだ。日本の歴史上、極めて重要なものだが、「オラが町の看板」として幼少期から刷り込まれたせいで、名前の響きだけが耳に残り、歴史的な意義は忘れられがちである。浜松在住者には「あったね、そんなの」程度の方も多いのではないだろうか。ここでは浜松の歴史を紐解くうえで、まずは浜北人について振り返っておきたい。

1960年～1962年、浜北市の岩水寺（現在の浜北区根堅）付近の根堅遺跡からヒトの頭骨や上腕骨が発掘された。この人骨は、放射性炭素年代測定法などの科学的分析の結果、今から1万8千年前の旧石器時代末期のものであると判明した。この人骨が浜北人である。出土した浜北人は女性であり、いわば「浜松のグレートマザー」といったところか。

注目すべきは1万8千年前という年代だ。一般的に日本列島で定住生活が始まるのは縄文時代（1万5千年前〜）から。定住生活を営んでいれば、遺跡から生活の痕跡がまとまって出土してくるものだが、それ以前の旧石器時代はまだ移動生活の時代。生活拠点を持たないため、この時代の出土品は極端に少ない。そう、この浜北人こそ、本州最古の化石人骨なのだ。日本人のルーツを探るうえで極めて重要な歴史的手がかりなのである。その〝子孫〟たる浜松人には、いま一度、浜北人の重要性を再認識してほしいところだ。

古代から住みやすい？　縄文遺跡・蜆塚

縄文時代の前期は急激に自然環境が変化した時期だった。現在よりも気温は1〜2度高く、この急激な気候変化によって海面が上昇（縄文海進）した。当時の海面は現在よりも4～5メートルほど高かったとされており、そのため比較的内陸部や高地に縄文遺跡が集中している。そして、浜松市域の縄文遺跡として有名なのが蜆塚遺跡だ。蜆塚遺跡は標高30メートルの三方原台地にあるが、そこが当時の沿岸部だったわけだ。

蜆塚では、縄文後期から晩期にかけて、およそ1千年も人々が生活を営んだ形跡がある。浜松市域は、古代から住むに適した暮らしやすい土地だったのだろう。

縄文晩期に寒冷化が進むと、蜆塚から縄文人は姿を消すが、やがて弥生人が稲作文化とともにやってくる。そしてヤマト王権が伸張してくると、律令体制下に組み込まれ、遠淡海（とほつあふみ）国、のちに遠江国となり、歴史書にもその名前を刻み始める。有史以降の浜松の歴史は、かくして幕を開けたのである。

今川氏の支配こそ静岡VS浜松の原因？

鎌倉幕府の滅亡後、足利尊氏が室町幕府を開くと、今川範国が遠江守護に任じられた。今川氏は足利氏の庶流であったため、範国は早くから尊氏に従って手柄を立て、その功が評価されたのだ。

やがて南北朝時代が到来すると、日本の各地と同様、遠江でも北朝と南朝に分かれて戦いが繰り広げられる。南朝側は後醍醐天皇の皇子・宗良親王を派遣し、北朝側の今川範国と激しく争った。

１３３７年、奥州の北畠顕家が後醍醐天皇に呼応して西上するが、このとき範国は北畠軍の後背を突く大活躍を見せた（青野ヶ原の戦い）。すると、足利尊氏は範国を大いに賞賛し、駿河守護の石塔義房を罷免して、範国を駿河守護に任命したのである。

ここでいったん遠江は、今川氏の手を離れることになった。しかし範国は、子の範氏ともども合戦で活躍し、ついに範氏が遠江守護に任じられたのである。この結果、駿河と遠江の守護職は今川氏が世襲していくようになる。

もともとは別の国、別の文化圏だった駿河と遠江が、今川氏によって一円支配されるようになったわけだ。現在まで続く静岡（駿河）と浜松（遠江）の対立問題は、もしかしたら、このときに端を発するのかもしれない。

中央との結びつきを強固にする今川氏

範国の孫・泰範の代には、三代将軍・足利義満を駿河に招いて富士見物の宴を催した。足利義満といえば、鹿苑寺（金閣寺）を建立して北山文化を開花させた、室町時代を代表する将軍である。とはいえ、この宴は単なる接待ではなかった。室町幕府にとって、鎌倉公方は警戒すべき存在であった。鎌倉公方を牽制するデモンストレーションとして、義満は駿河下向を催したのである。やがて、泰範の孫の代に後継者問題が勃発すると、泰範の孫・範忠は幕府の後ろ盾を得て乱を鎮圧した（永享の内訌）。今川氏は室町幕府との結びつきを強めながら、駿河・遠江での支配力を高めていく。その過程で、今川氏の拠点・駿河の遠江に対する優越性が、徐々に育まれていったのではないかと思われる。

浜松市の主な歴史（古代～室町時代）

年代	出来事
旧石器時代	浜北人が岩水寺採石場・根堅洞窟（浜北区）に足跡を残す（本州最古の人類の化石）
縄文時代	滝沢鍾乳洞遺跡（北区）など市内の丘陵地帯各地で人類が生活する 静岡県内唯一の環状貝塚である蜆塚遺跡（中区）の建設が始まる
弥生時代	伊場遺跡（中区）はじめ、市内各地に米作りの集落ができる。これにより人口も増加
200年頃	浜名湖畔や天竜川の川岸で銅鐸の祭りが行われ、それらが大地に埋められる
400年頃	赤門上古墳（浜北）、馬場平古墳（引佐）、光明山古墳（天竜）など大きな古墳がつくられる
7世紀	地方豪族の遠淡海国造、久努国造、素賀国造の領域を合わせ遠淡海を設置（国府は現在の磐田市）
713年	遠淡海国を遠江国と改める
730年頃	伊場遺跡から出土した木簡に「浜津」の地名（浜松市の地名の由来）
750年頃	東海道が整備される
1336年	今川範国が遠江守護職の任に就く
南北朝時代	南北朝の分裂により、市域の武将も南朝方と北朝方に分かれて争い、以後数年間、井伊城（引佐）・鴨江城・千頭峰城（三ケ日）・三嶽城（引佐）・大平城（浜北）などで攻防
1466年	斯波義敏が越前・尾張・遠江3カ国の守護となる
1498年	推定マグニチュード8.2～8.4の明応地震が起こる。地震にともなう津波で、淡水湖だった浜名湖に今切口ができて汽水湖になる
1517年	斯波義達が今川氏親に降伏し出家、尾張に送還される。遠州は今川氏の分国となる
1548年	今川義元が遠江国に対し検地を行う。以後20年・22年・弘治2年・3年と実施
1568年	徳川家康、遠江に侵入、井伊谷三人衆を道案内に曳馬城に入る
1569年	浜名三郎政明、徳川家康の進駐に抵抗して浜名城を退城
1570年	徳川家康、三方原台地の東南端に浜松城を築城、拠点とする
1572年	徳川家康、三方原で武田信玄と戦い敗れる（三方ヶ原の戦い）

※各種資料により作成

遠江を平定した家康の苦難とそのいきさつ

今川時代の終焉と徳川統治時代の始まり

室町時代の中期頃から、遠江の守護職には斯波氏が任じられていた。応仁の乱で日本全土が内乱状態に突入すると、駿河の今川氏は戦国大名化し、斯波氏から遠江を奪い取ったのである。遠州を平定した今川氏親は、分国法「今川仮名目録」を制定し、駿河と遠江の領国経営を安定化させた。

戦国今川氏の最盛期を築いたのは今川義元だ。

義元は桶狭間の戦いで織田信長に敗れたせいか、世間的に負け組のイメージが強いだろう。しかし、後継者争いに勝利したり、武田（甲斐）や北条（相模）との三国同盟を取りまとめたり、「今川仮名目録」に21条を追加したりと、優れた手腕を発揮している。「海道一の弓取り」と呼ぶにふさわしく、近年は義元再評価の気運も高まっている。

とはいえ、桶狭間で討ち取られてしまったのは事実。義元の死後、遠江における今川氏の支配力は急速に衰え、曳馬城（のちの浜松城）主の飯尾氏が反乱を起こす。今川氏はこの遠州錯乱こそ鎮圧したものの、武田信玄が今川氏との同盟を反故にして駿河に侵攻を開始するとなすすべがなかった。

また、信玄に呼応して徳川家康も、遠江へと攻め入ってきた。信玄と家康のあいだでは、大井川以東を武田氏、以西を徳川氏が奪うことで合意していたと伝えられている。家康は本拠地・岡崎を嫡男の信康に譲ると、みずからは曳馬城へ入った。かくして徳川氏による統治時代が始まったのである。

家康最大の危機！　三方ヶ原の戦い

家康は遠江を支配したあと、武田家と争うようになる。しかし、家康の同盟相手の織田信長は、対武田家に消極的であった。家康が再三にわたって援軍を要求するも、信長はなかなか応じることがなく、結果、家康の苦悩と忍耐は何年も続くことになる。

家康に最大の危機が訪れたのは、1572年の三方ヶ原の戦いだ。信玄の策略でおびき出された家康は、三方ヶ原（現在の浜松市北区）にて大敗を喫する。城に逃げ帰ってくる際に糞を漏らしてしまい、それを家来に指摘されると「これは味噌だ」といい張ったとの逸話も残るほど、クソミソに負けたわけである。のちの東照大権現もカタなしだ。家康はこの悔しさを忘れないようにするため、苦渋に満ちた表情の肖像画（通称「しかみ像」）を絵師に描かせ、肌身離さず携行したという。

家康にとって幸運にも、信玄は戦いの直後に陣中で病没して危機は去った。その後も武田家との抗争は続くが、1575年の長篠の戦いで織田・徳川連合軍が武田軍を撃破。1582年に武田家が滅亡すると、ようやく家康は胸をなで下ろしたことだろう。

家康の諸政策が近世遠江を築く

1582年4月に武田家が滅亡すると、家康は信長から駿河一国を与えられた。この時点で家康の所領は遠江・三河・駿河の三国へと拡大したわけだ。同年6月に本能寺の変が起きて信長が横死すると、旧武田領で反乱が頻発するが、家康はこれを鎮圧して甲斐・信濃も支配下に置く。その結果、家康は合計5カ国を領有する大大名となったのである。

膨れあがった領地を掌握するために、家康は5カ国総検地を行ったり、駿府から岡崎までの街道を整備したり、さまざまな職人に特権を与えたりした。1590年、家康は豊臣政権下で関東に移封されるが、のち江戸時代にまで通じる遠江の支配体制は、このときに基盤が整備され始めたといえる。

ちなみに、家康は曹洞宗の寺院・可睡斎（袋井市）に特権を与え、三河・遠江・駿河・伊豆の4カ国の寺院を統括させた。現在でも静岡県全域の仏教寺院は、曹洞宗が圧倒的に数が多い。それというのも、このときの家康の政策に由来しているとされる。

浜松市の主な歴史（安土桃山時代）

年代	出来事
1578 年	遠江に地震が起こる
1581 年	徳川軍が高天神城に侵攻、陥落させる
1584 年	徳川家康、三河・遠江に徳政令を出す
1586 年	徳川家康、浜松城を出て駿河城へ移る。菅沼定政が浜松城代になる
1589 年	徳川家康が三河・遠江・駿河・甲斐・信濃に総検地を行い、七か条定書を下付する
1590 年	堀尾吉晴が近江佐和山より入府、浜松城主となる
1591 年	豊臣秀吉が朝鮮攻略、軍役令を遠江・駿河・伊豆・三河などに出す
1599 年	堀尾忠氏、吉晴を継いで浜松城主となる
1600 年	関ヶ原の戦い、新居関所（今切関所）開設
1601 年	徳川家康により東海道が新たに整備され、宿場が設けられる（伝馬制が始まる）。松平忠頼が美濃金山より入府し浜松城主となる。気賀関所を開設。この後、一里塚などが築かれるこの頃、本坂通（姫街道）も整備される

※各種資料により作成

三方ヶ原の戦いの跡地に残る石碑。ずいぶんとご立派なのはやはり家康のお膝元だから？

徳川による天下太平の世の中で浜松城主こそは出世の近道に？

浜松藩の成立と出世頭・水野忠邦

関ヶ原の戦いに勝利した徳川家康は、1603年、江戸に幕府を開く。その直後に、幕府主導で大名の転封（国替え）が行われた。いわば全国規模での大名の配置転換である。徳川系大名（譜代や一門など）は江戸近隣に集められ、外様大名は地方転出とするのが基本方針であった。要するに、裏切りそうな奴は遠隔地に飛ばされたのである。

遠江は東海道の要所であり、徳川一門や譜代大名が集められた。遠江国内には掛川・横須賀・久野・浜松の五藩が成立（のち相良・掛・井伍谷の三藩も追加）。このうち、現在の浜松市域に相当するのは浜松藩である。

浜松藩の初代藩主には松平忠頼が就いた。しかし、忠頼は囲碁の勝敗をめぐる口論に巻き込まれて刺殺されてしまうなど、浜松藩の船出は決して順風満帆とはいえなかった。ようやく浜松の藩政が安定するのは、三代藩主・高力忠房の頃からである。

やがて浜松藩は幕府の重臣を何人も輩出し、浜松城は「出世城」と呼ばれるようになる。中でも有名なのは水野忠邦だ。忠邦は幕府の老中にまで出世し、幕府財政を立て直そうと天保の改革を実行した。ちなみに、忠邦は浜松藩主時代に、名残新田（現在の浜松学院大学あたり）に植えた楮の肥料にするために、蜆塚貝塚を切り崩してしまった。考古学が学問として確立した現代なら、トンデモない話だが、やはり出世する者は目の付け所が違う⁉

東海道の整備と宿場町・浜松

関ヶ原の戦い直後の１６０１年、家康は東海道の整備に着手した。江戸の日本橋を起点として京都・三条大橋に到るまでの東海道には多数の宿場町が設けられ、物資を輸送する際には宿場から宿場へとリレー形式で継ぎ送っていく物流システムが完成した。最終的に東海道の宿場は53カ所となり、「東海道五十三次」と呼ばれるようになったのである。

各宿場間の距離はまちまちだが、およそ二里（約8キロメートル）程度。遠江国内には金谷・日坂・掛川・袋井・見附・浜松・舞坂・新居・白須賀の9つの宿場町が置かれ、現在の浜松市に関連するのは浜松宿（浜松市中区）と舞坂宿（浜松市西区）だ。

浜松宿の特色は、本陣の多さにある。本陣とは大名家や公家専用の宿泊施設で、一般旅行者は泊まることができなかった。参勤交代で東海道を利用する大名家のための宿といえるだろう。浜松宿には東海道中で最多（箱根宿と同数）の6つの本陣が存在した。一般旅行者のための旅籠も94と多く、まさに一大宿泊地だったわけだ。しかし、江戸後期に参勤交代制度が緩和されたり、諸藩が宿泊費を節約するようになると、宿場町としての浜松は次第に衰えていく。

江戸時代の特産品はやっぱりお茶！

江戸時代の遠江の農業特産物といえば、何をおいてもお茶である。江戸時代の開始当初にはすでに、北遠地方で茶が盛んに生産され、年貢は茶で納入されるようになっていた。

幕末に近い1824年には、駿河と遠江の茶業者が茶仲間（問屋）を通さない直売りを求め、茶仲間の不正を幕府勘定奉行に訴える事件が起きた。このときは生産者側が敗訴するも、1853年に再度訴えたときには生産者側が勝訴している。昔から静岡はとにかくお茶、お茶、お茶！である。

また、天竜での林業も忘れてはならない。天竜で切り出された材木は、船明から川を下って竜洋（現在の磐田市）に運び、遠州灘から海路で江戸に運搬された。

お茶に林業と、何だか現在と変わりがないようだが、いってみれば江戸時代に浜松の基礎が形作られたわけだ。こうした農産品で豪農や問屋商人が富を築くと、浜松にも町人文化が芽吹いてくる。

宿場町が生んだ国学の祖・賀茂真淵

江戸時代に成立した学問に、国学というものがある。仏教や儒教の影響を受ける前の、日本独自の精神性を『万葉集』などの古典から再認識しようとする学問だ。この分野の先駆者・荷田春満は、上方（京都）と江戸を往来する際に浜松宿に逗留した。そこで春満に弟子入りしたのが、浜松諏訪神社の大祝・杉浦国頭である。

国頭の門人には、射場村（現在の浜松市伍場町）出身の賀茂真淵がいた。真淵はのちに京へ下って春満に入門し、国学を学問的に体系化するのに尽力する。春満の死後はいったん浜松に戻るが、のちに江戸で私塾を開き、田安宗武（八代将軍・徳川吉宗の子）に召し出され、田安徳川家の御用学者となった。隠居後には『歌意考』『国意考』『万葉考』などの数々の著書をまとめている。

のちに国学の大家となる本居宣長は、松坂の旅館でたった一晩だけ真淵から受けた教えに感銘を受け、やがて国学を大成させることになる。真淵こそ、間違いなく浜松出身の最大の文化人である。

徳川家康が天下とりの足がかりとした浜松城。今川貞相が15世紀ごろに築城した曳馬城を家康が拡張・改修した

浜松市の主な歴史（江戸時代）

年代	出来事
1619年	高力忠房、武蔵岩槻から入府、浜松城主になる（1638年、肥前島原へ転封）
1703年	浜松町奉行、浜松宿勢を調査する。通筋町11町の戸数646戸、総戸数1,386戸、人口4,336人と判明
1760年	賀茂真淵が『万葉考』を著す
1817年	水野忠邦、肥前唐津より入府、浜松城主となる
1819年	舞坂の海苔の製造が始まる
1839年	水野忠邦の命で、蜆塚の貝殻を名残新田へ肥料として運ぶ
1846年	藩校、克明館設立する
1851年	ヤマハ創業者山葉寅楠が和歌山県に誕生
1854年	安政東海地震（マグニチュード8.4）が起こる
1867年	浜松・浜松北方の村々で「ええじゃないか」が起こる

※各種資料により作成

浜松県誕生も束の間
大戦では米軍から集中砲火

ウソから生まれた幻の堀江藩

明治維新で徳川幕府が倒れると、明治新政府の主導で版籍奉還が行われた。従来は徳川将軍の臣下の大名が藩を統治していたが、いったん土地や領民を国（明治政府）に返却したのち、天皇が任命した知藩事が藩を治めることになったのである。

この〝御一新〟のドサクサに紛れて、堀江（現在の浜松市西区）に新しい藩が誕生した。版籍奉還で土地を返却する際、高家旗本の大沢基寿は所領・堀江の石高を1万6石と申告。石高1万石以上は大名として藩になっていたため、晴れて堀江藩が立藩し、基寿が初代藩主に任命されたのである。

ところがこの申告は、真っ赤なウソ。実際の石高は5千石程度に過ぎなかった。つまり、ウソで藩をでっち上げてしまったわけである！　1871年の廃藩置県の際には現在の静岡県域には韮山県（伊豆）、静岡県（駿河と遠江）、堀江県が成立。浜松すら県になっていなかったのに、堀江藩はそのまま堀江県になったのだ。

しかし、基寿のウソはやがて露見する。そのとき基寿は「浜名湖を埋め立てて開墾すれば1万石になる」と弁明したというから恐れ入る。この基寿、徳川慶喜の大政奉還の上奏文を朝廷に提出するなど、地位も信頼もあった人物だ。それゆえに誰もが彼のウソに騙されてしまったのだろう。やがて堀江県は、浜松県成立時に合併された。わずか4年だけ存在した幻の行政区・堀江藩（県）は、失敗に終わった出世物語というべきか。

第二次世界大戦で焦土と化した浜松

2013年2月、浜松市内で不発弾（艦砲弾）が発見され、爆破処理のため

1万人以上の近隣住民に避難指示が発令された。浜松で都市開発をするために地面を掘ると、すぐ不発弾に出くわしてしまう。それは終戦から約70年も経った現在でも変わらない。それというのも、第二次世界大戦中に米軍から集中砲火を浴びたからだ。

遠州灘からの艦砲射撃もさることながら、何よりも凄惨を極めたのはB29による空襲であった。

1944年12月から終戦まで、浜松は実に27回もの空襲を受けている。とりわけ1945年6月18日の大空襲は被害が大きく、この1回だけで1717人もの死者が出たほどだ。

浜松が標的とされたのは、工場が多かったからである。兵器を製造していた遠州機械（エンシュウ）や鈴木式織機（スズキ）はもちろんのこと、当時は日本楽器（ヤマハ）や河合楽器でも航空機などの部品を生産していた。

また、地形的な理由もある。灯火管制下の日本の夜は真っ暗であったため、浜名湖や天竜川は日本本土への出入口として格好のランドマークとなっていた。

本土爆撃を指揮したのはアメリカの陸軍少佐（当時）カーチス・E・ルメイ

航空自衛隊浜松基地の前身は 1926年に建設された陸軍航空基地。
太平洋戦争時、浜松基地は空爆の拠点となった

だ。ベトナム戦争の際に「ベトナムを石器時代に戻してやる」と息巻いたほどの、無差別爆撃を好む男だ。彼は、航空中に問題が起きて帰投する際や、余った焼夷弾がある場合は、すべて浜松に捨ててこいと命じた。「浜松は爆撃を終了するためのごみ箱」との証言も残っている。

浜松市民なら激情して当然の事実だが、市街は完全に焦土と化した。そこから復興を遂げたのだから、戦後の浜松市民のエネルギーは大いに賞賛されるべきである。

浜松市の主な歴史（明治～第二次世界大戦）

年代	出来事
1868年	堀江藩が誕生
1871年	8月29日、廃藩置県により静岡藩と堀江藩が廃止され 静岡県と堀江県が誕生 11月15日、第1次府県再編によって堀江県が廃止され 浜松県が誕生
1876年	8月21日、浜松県が廃止され静岡県と合併
1881年	浜名橋が開通し、渡船によっていた舞坂～新居間は 陸路でつながる
1887年	山葉寅楠がアメリカ製オルガンを修理し オルガンをはじめて作る
1888年	浜松駅開業（翌年、東海道本線が全線開通）
1889年	町制施行、敷知郡浜松町となる（町役場は紺屋町92）
1891年	浜名湖にてウナギ養殖がスタートする 山葉寅楠が河合喜三郎とともに 山葉楽器製造所（現ヤマハ）を設立
1892年	オルガンが初めて輸出される
1896年	敷知・長上・浜名の各郡が廃止され 新しく浜名郡が置かれる
1897年	日本楽器製造株式会社（山葉楽器製造所を改称）が創立
1900年	日本楽器がピアノの製造を始める
1907年	遠州電気鉄道株式会社（現遠州鉄道）と 浜松鉄道株式会社が創立
1909年	浜松―中ノ町間および浜松―鹿島間、軽便鉄道が開通
1911年	市制施行、浜松市となる
1912年	鉄道院浜松工場（現JR東海浜松工場）が営業開始
1919年	遠州軌道株式会社が設立、社長は竹内龍雄
1926年	高柳健次郎、全電気テレビジョンの伝導実験に成功
1935年	二俣線（現天竜浜名湖鉄道）、掛川―遠江森間開通 高柳健次郎が世界に先がけて 全電子方式テレビジョンを完成させる
1942年	浜松地方の主要工場すべてが軍需工場に指定される
1944年	浜松最初の空襲を受ける
1945年	浜松大空襲、中心部が灰燼となる

※各種資料により作成

「やらまいか」魂で焦土から見事に復興！

三大メーカーの興隆で戦後オートバイの街に

終戦間際の空襲と艦砲射撃によって、浜松の市街地のおよそ92パーセントが破壊されてしまった。文字通り、焦土と化したのである。そのため戦後の浜松は、ゼロからの再出発となった。

復興を目指す浜松は「産業都市建設」を合言葉に都市基盤の整備に着手し、最初に台頭してきたのはオートバイ産業であった。1946年、本田宗一郎が本田技術研究所（現ホンダ）を開設。旧陸軍無線用発電機を改造したA型エンジンを取り付けた自転車、通称「バタバタ」を発売した。

自動二輪はまたたく間に広まり、他メーカーもこの分野に積極的に参入してきた。鈴木式織機（現スズキ）のパワーフリー号、日本楽器製造（現ヤマハ）の「赤トンボ」号などのヒット作が次々と誕生し、浜松は「オートバイの街」として一躍名を馳せる。

また、戦前からの伝統である楽器産業もめざましい成長を遂げた。かつて浜松在住の作家・藤枝静男が「楽器の街から、音楽の街へしていくといい」と提言したように、高度経済成長期以降はホールや音楽教室も増えていき、ただ楽器を製造するだけではないまちづくりが進められた。ようやく浜松は「文化不毛の地」から脱却できたのである。それから、40代以上には高見山関のテレビCMでおなじみの、丸八真綿も浜松の企業だ。繊維も明治以来となる浜松の得意産業であり、スズキにしても織機の製造会社として創業した経緯がある。

伝統と新興技術を組み合わせ、浜松の産業や都市は大いに発展した。こうした新取の気概は「やらまいか精神」と表現される。それ以前の浜松・遠江は中央権力に付和雷同、要するに長いものに巻かれてきた歴史がある。焼け野原から死に物狂いで復興を目指すさなかに、浜松独自の「やらまいか」メンタリティが育まれたのだ。

新しい浜松の工業はテクノポリス……？

高度経済成長期を経た現在、残念ながら浜松にかつての勢いは感じられない。以前は「行政の静岡」に対して「産業の浜松」として優位に立ち、文句なく県下ナンバーワンの都市を名乗れたものだが、今では「商業の静岡」に押され気味といえなくもない。

浜松市の行政側は、1983年に通産省（現在の経産省）が指定したテクノポリス（高度技術集積都市）化を推進している。しかし、正直なところ、一般レベルでテクノポリスなどといわれても「なんのこっちゃ？」だ。産・学が一体となって、先進技術を用いて産業を盛り立て、都市開発にも役立てていく……ということなのだろうが、具体的に何をするのかサッパリである。

やはり「もの作り」を標榜するヨソの都市と同様、中小企業が多い工業都市では、景気が上向いてこないと街に華やかさが戻ってこない。テクノロジーとかイノベーションとか小難しいことは言わず、「やらまいか」でドカーンといくほうが浜松らしいんだが。

浜松市の主な歴史（戦後）

年代	出来事
1946年	本田宗一郎が本田技術研究所（現本田技研工業）設立 本田技術研究所がエンジン付自転車「ポンポン」開発
1947年	奥山線軽便を経営していた浜松鉄道が遠州鉄道と合併、奥山線となる 本田宗一郎が自身で開発した「ホンダA型」（原付）を発表 戦災復興都市計画事業が始まる
1952年	鈴木織機（現スズキ）がバイクモーター「パワーフリー号」を発売開始 市役所が利町から元城町（現在地）へ移転 保安隊浜松航空学校が開校（1954年6月9日、航空自衛隊に改称）
1955年	民有地だった浜松城跡を市が2,150万円で全域買収 日本楽器製造（現ヤマハ）が赤トンボとよばれたオートバイ「YA-1」を発売
1956年	佐久間ダム完成、発電所営業発電開始 浜松市オートレース場開場
1958年	舘山寺に温泉が湧出（9.25開湯式、源泉の碑建立）
1959年	日本楽器製造が国産初の電子オルガンを開発
1964年	東海道新幹線が開通
1971年	村松啓次郎がウナギの養殖にビニールハウスによる加温養殖法を生み出す
1973年	浜名ニュータウン（現・内野台）が完成
1974年	国立浜松医科大学が浜松市半田町に開学（付属病院は1977年に開院）
1987年	天竜浜名湖鉄道が開業
1991年	第1回浜松国際ピアノコンクール開催
1993年	浜松地域テクノポリス都田土地区画整理事業が完工
1994年	アクトシティ（地上212.77m）が浜松駅前にオープン
2005年	天竜川・浜名湖地域12市町村が合併し新・浜松市が誕生
2007年	政令指定都市へ移行

※各種資料により作成

浜松市トピックス

熱はサッカーでも公式戦はプロ野球

浜松のスポーツといえば、県外者からは「サッカーより野球」と思われがちだ。1978年の春のセンバツで浜松商業高校が優勝したこと、かつて中日ドラゴンズのキャンプ地だったことなどが「浜松＝野球」の印象を強くする。

そもそも「サッカー王国・静岡」と称する場合、ここで言う「静岡」とは静清地区（旧静岡市と旧清水市）を指すのが一般的。そのため浜松は、「非サッカー地帯」と思われてしまうようだ。

しかし、市民の意識はダンゼン「野球よりサッカー」だ。その昔、浜松出身の武田修宏（のちサッカー日本代表）が清水東高校に進学したときは「裏切り者」と声を大にしたように、浜松のサッカー熱は高い。それでいて市内にJリーグ加盟のプロクラブを持っていないので、浜松市民はやるせない。全国に20ある政令指定都市でJクラブがないのは、相模原市、堺市、そして浜松市だけ

野球熱が高い浜松。例年、浜松球場では中日ドラゴンズが公式戦を1～2試合開催する

なのだ。

Jリーグ開幕当初は、浜北市（現在の浜北区）に3～5万人規模のスタジアムを建設し、浜北をジュビロ磐田の広域ホームタウンにする話もあったが、結局は頓挫。JFLのホンダ（本田技研工業）は本拠地を浜松に置くものの、プロ化の意向はない模様。これからも、ジュビロ磐田や名古屋グランパスといった近隣のヨソ様にお邪魔してサッカー熱を発散するしかない。一方で、浜松球場では例年、中日が公式戦を開催して客も入る……。

浜松市コラム 2

昔はもっと熱かった浜松サッカー

サッカー王国静岡は誰もが知っている事実だ。だけど、浜松が静岡サッカー発祥の地のひとつであることは、知る人ぞ知る豆知識だろう。

日本で最初のサッカーチームは、1896年に創部したとされる高等師範学校（現・筑波大学）のフットボール部だ（最古については諸説有）。その後、サッカーは日本各地に広まり、静岡県でも浜松や藤枝など同時多発的に産声を上げた模様。で、浜松では、浜松師範学校（現・静岡大学教育学部）が体育の一環として取り入れたのが最初だ。

かつての浜松のサッカー熱は激しく、1923年には浜松高等工業学校（現・静岡大学工学部）が近県中学校サッカー大会を主催。浜松の中学校（現在の高等学校に相当）では続々とサッカー部がつくられ、静岡県がサッカー王国となる基礎ができあがったのが、この頃だった。

サッカー熱は県内に広がり、1938年、静岡県蹴球協会が誕生。社会人にもサッカーが普及していくことになった。第二次世界大戦の影響でサッカー普及活動は中断したが、戦後は中学、高校だけでなく、実業団チームも誕生して大会も開催されるようになる。やがて、全国規模の大会で静岡勢が好成績を重ね、静岡は全国区のサッカー王国としてその地位を築いていったのである。

1993年にはJリーグが開幕。静岡でJ1に一番乗りしたのは清水FC（現在の清水エスパルス）で、それに続きジュビロ磐田もJ1入り。静岡はさらにサッカー大国らしくなっていくが、その間、なぜか浜松は置き去りに……。プレーヤーは多いし、人気自体も堅調だったが、気が付けば静岡のサッカーは清水、そして磐田が引っ張っていた。

そんな浜松のサッカーチームといえば、ホンダFC。1971年、本田技研工業サッカー部として創設し、現在は実業団チームとしてJFLに加盟。過去2回、Jリーグへの参加の動きがあったが叶わぬ夢となっている。最初はJリーグ発足時。当時、ホンダは本業重視のためF1の撤退を表明。そのあおりを食らったのである。2度目は97年頃だが、吹き荒れる製造不況の嵐に計画はとん挫。その後は、J2に加盟する動きさえない。

浜松のサッカーは少年チーム、女性チーム、フットサルチームとすそ野は広い。経済が上向けば、ホンダもJリーグに参戦？　と思いきや、今やホンダは完全にアマチュア志向。熱はあるけど熱しきれないのが浜松サッカーである。

第3章
「知ったこっちゃない」リアル浜松人気質のなぜ？

ヨソ者に無関心!?「やらまいか」精神はどこへ?

静岡県に広がる閉鎖性　浜松の特徴は職人気質

浜松人の気質として真っ先に挙がる言葉が「やらまいか」。大企業の創業者や発明家を生み出した、浜松という風土のチャレンジスピリッツを象徴する言葉だ。

ところが、どうもこの言葉、地元の年配層が好んで使うお題目になっている印象を受ける。県外ではまるで聞かれないし、意味も理解されていないのだが、そんなこと知ったこっちゃない。そして、この「知ったこっちゃない」精神こそが、実はもっとも浜松人らしさを表す言葉ではなかろうか。

そもそも、内向きで、ヨソ者のことを理解しようとしない閉鎖性は、静岡県全体に共通しているものだ。北を富士山や南アルプス、南を太平洋に挟まれた風土は、ほぼ東西方向にしか交流がない。しかも東に東京、西に名古屋という巨大都市があるため、静岡県全域がスルーされやすい立地にある。東海道新幹線「のぞみ」は全車が通過し、新東名高速の開通で車も通過交通が激増。また浜松は、時に名古屋圏に分類されることもあるが、とても名古屋市内まで通勤通学ができる距離ではなく、独自の文化を築かざるを得ない。

ただ静岡市と根本的に違うのは、独立心旺盛で職人気質なところ。これは江戸時代は幕府の直轄領で、温暖で豊かな土地柄も相まって、お上のいうことを聞きながらのんびり生きていけばどうにかなった静岡に対し、コロコロ城主が変わった浜松は、あまり歴代の殿様に親近感を抱かず、恐れ入る気持ちも少なかったためだろうか。

排他的ではないが無関心　内輪ノリは直すべき!?

その分、主役となったのが職人だ。浜松まつりが鍛治町・大工町・伝馬町といった職人の町を中心にできあがったのは有名だが、静岡大学工学部や浜松医大など理系の大学が目立つ環境も相まって、開発や発明分野で優秀な人材を多く出しているのだろう。

そんな職人気質だからこそ、やみくもにヨソ者を嫌うような、頑なプライドは持ち合わせていない。いいものは評価し、いいものを作る人の才能も認める度量を持ち合わせているのが浜松人で、そのあたりは静岡や名古屋とは違う。同じ閉鎖性でも、静岡や名古屋が「排他的」ならば、浜松は「無関心」といったところだ。

冒頭の「知ったこっちゃない」というのはこのあたりで、外からの評判を知ったうえで無視するのではなく、そもそも知ろうとしないのだ。良くいえば人の目など気にせずポリシーを持っている、となるが、悪くいえばガサツで無神経。職人的な気質からか、他人を慮るような機転は持ち合わせていない。

浜松市内の東証一部上場企業に勤務する30代のサラリーマンに聞いたところ「だって好むと好まざるとにかかわらず、次々にヨソ者が入ってくるんだから、受け入れるしかないよね」との答えだった。大企業が増えた現代では、転勤族も多い。ブラジル人など、海外から来る人も増えた。本音をいえば、そういったヨソ者を受け入れたくはないのだが、受け入れざるを得ないのなら拒みはしないということなのだ。

「名古屋や静岡にも転勤したことがあるけれど、浜松では比較的ヨソ者扱いされなかったよ。ただ、変なラッパとか『おいちょ！おいちょ！』っていう変な掛け声で、浜松の人にしかわからないヘンな盛り上げ方を会社の飲み会でやられたのには、ちょっと疎外感を感じたかな。たぶん、浜松まつりのノリなんだと思うんだけど」

　これは、かつて浜松に転勤経験のあるサラリーマン氏の言葉だ。

「僕には浜松があまり合わない。ヨソ者を毛嫌いするようなところはないんだけど、何か言葉遣いも態度も全部乱暴に感じる。漁師さんが多い港町に近いノリというか。暖かいところだから優しい人が多いかと思ったら、まったく逆でびっくりしたよ」と、こちらは浜松に転勤してきた金融マン氏。

　転入者にとっては、天国にも地獄にもなるのが浜松である。無関心なところはともかく、内輪ノリはちょっと直すべきかも。

本人たちには自覚がない本当は乱暴で汚い遠州弁

自覚症状の少ない特殊なアクセント

北関東以北や関西以西に比べれば、東海地方の言葉は標準語との違いが少ない。特に静岡県は「東京にもっとも近い東海」とあって、浜松人も類にもれず「なまってない！」と自信満々。定番の「〜だら」「〜だに」にさえ気を付ければ大丈夫だと思っている。

が、残念ながら東京に出れば浜松人は十分になまっている。遠州弁である。とりわけ自覚症状がないのがイントネーションで、「高い」「早い」「食べる」「起きる」など、アクセントが最初の文字にくる言葉が多い。これらの単語、標準語ではすべて2文字目にアクセントがある。また、動詞や形容動詞だけでなく、遠州弁では最初の文字にアクセントがくる「東」「半袖」といった名詞も、標準語ではのっぺりした発音だ。典型的なのは「磐田」だろう。「ジュビロ磐田」の発音が、全国放送と在静局では異なることに、気になる人は多いはずだ。

半面、目立たない方言が「ら」抜き言葉だろう。「着る」(着られる→着れる)などの上一段活用動詞、「受ける」(受けられる→受けれる)などの下一段活用動詞、「来る」(来られる→来れる)のカ行変格活用動詞において、「ら」を省略する表現は、浜松周辺では当たり前。近年では若者言葉として全国的に定着しており、浜松以外でも通用するようになった遠州弁といえなくもない。少々うれしい気もするけど、公の場などでの使用は、言葉の乱れと誤解されやすい。注意しないと。

遠州弁の代表格が、語尾につく「だら」「ら」「だに」「に」だろう。「だら」と「ら」、「だに」と「に」の使い方にはほとんど差はないが、語尾が「だ」になる形容動詞は「だ」を重複せず「ら」「に」を付ける(豊か→豊かだに)。また、名詞や代名詞に付くのは必ず「だら」「だに」となる(明日→明日だら)。

これら語尾に付く表現は、浜松人にも、さすがにお国言葉という自覚がある。

もちろん、他地域の人には、単純に方言ととらえられるだけの話だ。

一方で、接頭語そして語の頭に付く言葉は、方言である上に、荒っぽく聞こえやすい。「ひっつぶす」（潰す）、「ひっこ抜く」（抜く）、「ふんじばる」（縛る）、「ぶっさらう」（さらう、殴る）などは、浜松では悪気のないごくごく一般的表現なのだが、ヨソ様には「何を怒っているの？　ヤンキー？」と驚かれるどころか、ドン引きされることも間々ある。

そして「ど」「ばか」「くそ」などが付けられる接頭語は、もう大変。いずれも「とても」、英語の「ｖｅｒｙ」という意味だが、「どすげえ」「ばかつまんねえ」「くそでけえ」といった言葉は、ヨソでは意味こそ通じても、超弩級の品がない言葉としてとらえられる。同じ意味で、遠州弁では「超」も使われるが、若い世代が使う「チョー」と誤解されやすく、年配の人が使うと不審がられる可能性もある。要注意。

三河の武士は無骨なことで有名だったが、その隣に位置する遠州もまた、戦国時代から荒っぽい言葉遣いの風土だった。そして徳川家康が全国を統一し、この地域の武士たちがこぞって幕府の中枢に位置するようになったことで、その荒っぽさがそのまま江戸っ子が使う「べらんめい」な言葉になったという説もある。それから数百年の年月が経ち、遠州と東京の言葉には徐々に違いが生まれてしまったが、言葉の荒さでは、まだ共通点も残っているのかもしれない。浜松市北区引在町出身の漫画家、河合克敏氏作『帯をギュッとね！』は、浜松市内の高校を舞台とした柔道漫画だが、遠州弁で喋っているわけでもないのに、他地域の人（特に女性）が読むと、前半で主人公たちが使っている言葉がずいぶんと荒々しく感じるという。柔道漫画だから……と解釈されているが、浜松人には「えっ、どこが？」である。自分の訛りに自覚がない浜松人の典型例だろう。

浜松人とバレやすいその他の表現に「だもんで」がある。「といったわけで」という意味だが、これは静岡県や愛知県東部などで主に使われる言葉で、東京や大阪で使うと怪訝な顔をされる。と同時に「三河の人？」といわれちゃったりする。ちなみに、東京の若者は「だもんで」の代わりに「てゆーか」と言う。恥ずべきことではないが、何かが違う……。

現在も使われている（であろう）主な遠州弁

遠州弁	標準語（意味）	遠州弁	標準語（意味）
あっこ	あそこ	ど～	とても～
あわっくい	あわてる	とっとく	とっておく
いっしょくた	ごちゃまぜ	とんます	捕まえる
いらんこん	余計なこと	のそい	のろい
うちら	我々	ばか～	とても～
うっちゃる	捨てる、ほうっておく	はさがる	挟まる
うめる	薄める、温度を下げる	はぶせ	仲間はずれ
えらい	辛い、しんどい	浜（はま）	中田島海岸
おっかさ	お母さん	ひっころぶ	転ぶ
おっさま	お坊さん、和尚さん	ひっつぶす	潰す
かう	（鍵を）掛ける	ひん曲がる	曲がる
くそ～	とても～	ぶっこく	言う
くれてやる	あげる	ぶっさらう	殴る、壊す
けったー	自転車	ぶったおす	倒す
こうこ	漬物	ふんじばる	縛る
こく	言う	へぼい、へちょい	駄目な様子
国1（こくいち）	国道1号線	ほうけ	そうかい

遠州弁	標準語（意味）	遠州弁	標準語（意味）
在所（ざいしょ）	実家、出身地	ほじくる	掘る
〜さら	〜ごと	ほっぽらかす	放っておく
したべろ	舌、べろ	〜まい	〜しよう
じぶん	頃、時代	まかしょう	まかせておけ
〜すか、すけ	〜しない、やるわけがない	まぜる	仲間に入れる
ずっこい	ずるい	街	市街地
すみっちょ	すみっこ	まるさら	まるごと
線引き（せんひき）	定規	めんくり玉	目玉、眼球
だーだー	ジャージャー（水が大量に流れる様子の擬音）	めんどい、めんどっちい	面倒くさい
〜だもんで	〜だから	やい	おい（怒っていなくても）
〜だに、〜に	〜だよ	〜やせん	〜しない
〜だら、〜ら	〜でしょ?	ようやっと	ようやく
ちみくる	つねる	よさりかかる	寄りかかる
ちゃっと	急いで	よど	よだれ
ちんちん	熱々	〜ん	〜しない
つかます	捕まえる		

※各種資料、取材によって作成。静岡県西部、遠州地方で使われている方言のうち、便宜的に65語を掲載。静岡県下はもちろん、浜松市ほか遠州地方においても、方言には地域差があることはご了承を。また、他地域でも通用はするが、地域性を感じさせたり、使い方が独特だったり、イントネーションが異なる語も含む

味覚は東西バラバラだがそれが独自文化!?

浜松ではうなぎは獲るより食べるもの!?

内外に知れ渡っている浜松の「食」といえば「うなぎ」だ。浜名湖でうなぎの養殖が始まったのは1891年。原田仙右衛門という人が、新居町（現・湖西市）に養鰻池を作ったのが始まりといわれている。ただし、近年はシラスウナギの不漁もあって、けっして収穫量が多いとはいえない。2012年の都道府県別生産量では1629トンで、鹿児島・愛知・宮崎に次ぐ第4位となっている。

たとえ減産でも、浜松が今も「うなぎの都」なのは、市民の食に根付いているから。総務省の家計調査によると「1世帯当たりのうなぎのかば焼き支出金額」（２０１１年。都道府県庁所在地と政令指定都市が対象）は、浜松市が５１０９円で４年連続トップだ。

確かに浜松駅や浜名湖周辺だけでなく、国道や幹線道路沿いにもうなぎ屋が異常に多い。市内にはうなぎのかば焼きだけを販売する、家でご飯に乗せて食べる持ち帰りうなぎの専門店もあるが、これは全国的に見てもまれなものだ。

生産はともかく、消費という点で根付いているものとしては、緑茶も挙げられる。同ランキングの緑茶の支出金額では、静岡に次いで浜松は２位。静岡県の２都市が他に大差を付けて圧倒している。飲食店でも、出されるお茶は緑茶が一般的。「修学旅行で京都に行ったら茶色いお茶が出てきてビックリした。お茶って緑色なのが普通じゃないの？　京都は宇治茶が名産なはずなのに」（浜松出身者）というくらい根付いている。

浜松で刺身ならまぐろよりかつお！

海岸線をもちながら、意外に食文化として縁遠いのが海産物だ。遠浅の遠州灘が南に広がっているため、物理的に水深の深い大きな港を築けず、清水や焼津という港を近くに持つ静岡や、知多半島や三重県に多くの港がある名古屋に比べれば、魚介類に乏しい。

そのなか、数少ない名物といえば、シラスとカツオ。特に浜松では、昔から刺身といえばマグロではなくカツオというくらい、盛んに食べられている。舞阪や新居の漁港では江戸時代から鰹漁が行われていたとされ、春先に黒潮に乗ってイワシを追いかけるカツオが沿岸近くにやってくるのだ。新鮮なまま陸揚げされ、死後硬直が起こる前に食べる「もちがつお」は特に有名で、文字通り、餅のように身が柔らかい。

スッポンやハモ、トラフグといった水産物も浜名湖や遠州灘で獲れるが、東西の巨大消費地へと送られ、浜松で消費されることは少ない。あるいは、うなぎ以外の高級食材は、浜松市民の口(財布?)に合わないのか。

米や野菜など、浜松では農産物の生産もそこそこ盛んだ。東区や南区など天竜川に近い地域では米の生産が盛んで、生産量は県内トップ。また、東区ではセロリやネギが、三方原台地や浜名湖付近ではチンゲンサイやジャガイモが栽培されている。そして何より有名なのはみかん。三ヶ日を中心に、浜名湖周辺で作られている。かつては全国1位の産出量を誇り、現在は愛媛や和歌山に抜かれたものの、地元では大いに愛され、食されている。

珍味として有名なのが浜納豆。「納豆」という名がついているが風味は味噌に近く、中世には保存食として重宝されていた。浜名湖の北（三ヶ日）にある大福寺というお寺で作られ始めたため、浜納豆という名が付いたといわれる。

関東と関西の真ん中に位置する浜松は、食文化も東西折衷だ。うなぎに関しては関東風と関西風が混在し、みそ汁の味噌も赤味噌・白味噌・合わせ味噌・八丁味噌など家によってバラバラ。名古屋の影響で、何でも味噌を付けて食べる家庭もあるし、おでんに入れる「はんぺん」も魚のすり身を揚げた、他地域で「さつまあげ」と呼ばれるものに近い（東京や関西では白くふんわりした三角形の練り物をはんぺんと呼ぶのが一般的だ）。中途半端に東西（と名古屋）が混ざっている浜松の食の常識は、外に出ると無自覚な非常識となることが多いのでご用心⁉

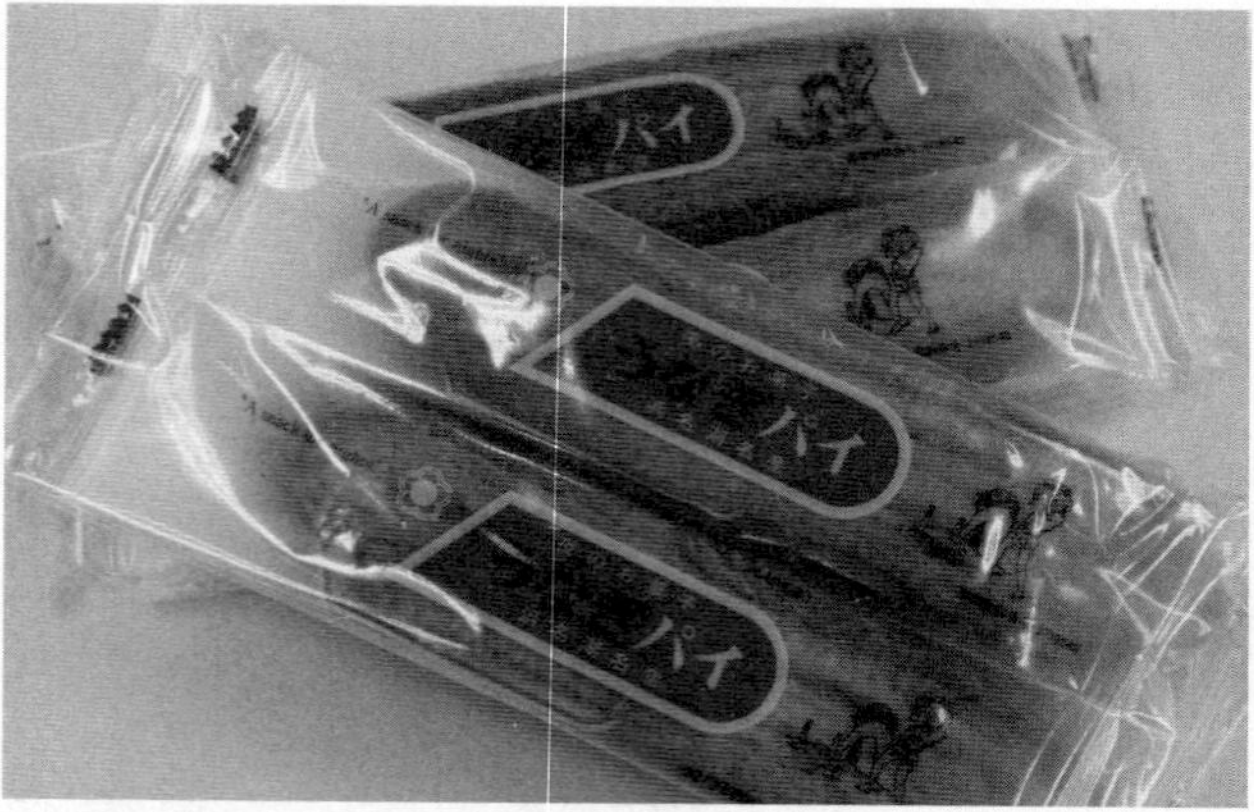

浜松の食といえば「うなぎ」であり、鉄板級のお土産品といえば「うなぎパイ」であろう

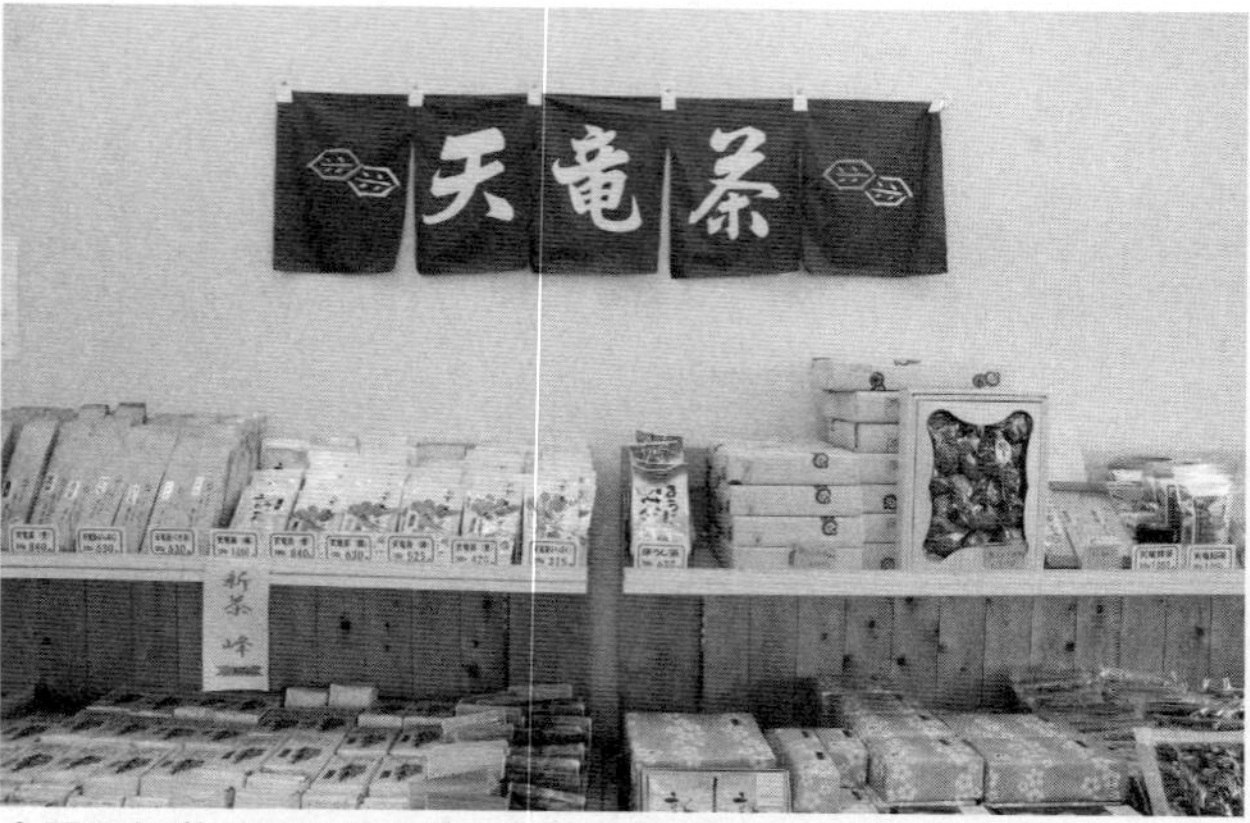

全国の都道府県庁所在地と政令指定都市で、浜松市の緑茶支出額は2位。緑茶は絶対に欠かせない！

餃子日本一にからくり？浜松B級グルメの神髄

円形ともやしを武器にライバル宇都宮に勝利？

総務省家計調査の「餃子」消費額で、２年連続（２０１１、２０１２年）トップとなった浜松。ライバル宇都宮市の４３６５円に対し、４６７０円と３００円ほど上回った。「浜松餃子」のブランドも知れ渡り、県内では富士宮やきそば、静岡おでんと並ぶ３大B級グルメとして定着した感がある。

浜松餃子の歴史は、日本の他地域とそれほど大差ない。戦後に定着し、焼き餃子が主流。具にキャベツと玉ねぎ、豚肉を使うことが多いが、取り立ててめずらしい材料ってわけでもない。だが、浜松餃子に根付いた独自の伝統がある。現在、２大特徴となっている「円形焼き」と「もやし」だ。浜松餃子は鉄板ではなく、フライパンで円形に並べて焼くのが一般的。大人数に出す場合は、それを皿にそのまま盛りつけたものが、独特な形となったわけだ。そんなドーナツ状に並べられた餃子には、中央に穴が空く。そこに付け合わせを入れようということで考えられたのがもやしだった。

ところで、全国1位に水を差すようだが、総務省家庭調査の「消費額」に重要な基準があることを忘れてはいけない。調査の餃子項目に含まれるのは「生の餃子」と「惣菜の餃子」だけで「外食」は抜きなのだ。つまり、餃子店がひしめく宇都宮にとっては不利、持ち帰り好きの浜松には有利。あまり手放しで喜べなかったりもする。

持ち帰って自宅で！ 浜松に根付く「中食」

餃子だけでなく、うなぎのかば焼きもそうだが、浜松には買ってきた総菜をおかずに、自宅で食事をする持ち帰り文化が昔からある。最近では「外食」と「内食」の中間なので「中食」などといわれたりもするが、実際にうなぎや餃子だけでなく、コロッケも消費量日本一（２０１１年）であるなど「おかず」がよく売れる街なのだ。

これには、企業が多い土地で共働き世帯の割合も多く、家事の時間を節約するために利用する人が多かったこと、節約志向の人が多い浜松市民は外食の味を手軽に自宅で味わえる中食が向いていたことなどが、理由に挙げられる。

だが、B級グルメは持ち帰りものだけではない。たくあんのみじん切りが入った「遠州焼き」という独特のお好み焼きがある。知らない人が聞くとぎょっとするようだが、実際に食べてみると甘さと歯ごたえがばっちりだ。そもそも市内では、遠州焼きと名乗らず、「ノーマルなお好み焼き＝たくわん入り」って店も少なくない。

さらに最近、天竜区でB‐1グランプリを目指して開発されているのが「天竜ジビエ焼きそば」。ジビエとはイノシシやシカなどの野生動物の食肉のことで、近年増えすぎて農作物を荒らす動物を捕獲し、食材に有効活用しているものだ。

大衆食であるB級グルメ界では、ちょっと異色の新顔である。

いずれにしても、根本的に中食文化の浜松にあって、こうしたB級グルメが全国区になるには、観光客など外からの人に味わってもらい、宣伝してもらう。とかく無関心ぶりを発揮する浜松人だけに、外から大いに騒いでもらわないと始まらない。などといっていたら、観光客も来てくれないか。ゆめゆめ、餃子の1勝に、あぐらをかいてはいけない。

※　※　※

最新（2015年）の総務省調査で、餃子の消費量（消費額）は、1位が浜松市（4646円）、2位が宇都宮市（3981円）。浜松は2014年に引き続き、1位の座に就いた。金額で650円ほどと、両市の差がだいぶ開いているようにも思えるが、宇都宮の場合、餃子は飲食店で食べるケースが多いことに加え（本編にあるように外食の餃子はカウントされない）、聞いたところによれば、最近の宇都宮市民は餃子をあまり食べないようで、この結果も仕方がない（それでも2位なんだけどね）。まあ、総務省調査のアラ探しをするより、こうした対決図式は両市の餃子のいいPRになるのだから、浜松と宇都宮には今後もバッチバチにやりあいながら、餃子界を盛り上げていってほしい。

浜松のB級グルメの代表・餃子。円盤焼きと真ん中にもやしが付くのが特徴で、餡は基本的に野菜が中心だから、けっこうあっさり

たくあん入りのお好み焼きである「遠州焼き」。独特の食感が人気の浜松B級グルメだ

浜松市トピックス

便利で食も充実　新東名・浜松ＳＡ

２０１２年４月にオープンした、新東名高速浜松サービスエリア。まず目を引くのが、ピアノ鍵盤が描かれた外壁。建物の中には、ローランドの楽器が並べられ、ライブ演奏なども行われるミュージックスポットのほか、音符をモチーフにしたテーブルなどを設置している。楽器の街らしい意匠だ。

注目のフードも充実。下り線では浜北軒、上り線は石松ぎょうざが浜松餃子を提供するほか、浜松市民にはおなじみの天神屋がドライバーズスポットとして地元の味を提供。もちろん、下り線はうな丼や鰻の焼きおにぎりのうな濱、上り線は串焼きで手軽に食べられる串焼きじげんと、うなぎも万全だ。また、遠州地方の名産を用意しているのが、これも地元の遠鉄マルシェ。クラウンメロンの果肉入りメロンパンほか、お土産に最適なアイテムをたくさん並べている。

さすが楽器の街、浜松サービスエリアの建物外観には、ピアノ鍵盤が描かれている

さらにここは、ペット連れにうれしいドッグランも完備。ペット用トイレや足洗い場、水飲み場も完備しているなど、至れり尽くせり。コーヒーショップの上島珈琲店は、犬を店内に連れて入れる「ドッグカフェ」となっている。

この浜松サービスエリアから新東名へ出入り可能なＥＴＣ車専用のスマートＩＣも設置。新東名を利用しない人も、一般道から駐車場へ入ることができる「ぷらっとパーク」も用意されている。エリア内には展望台もあり、家族でのおでかけやデートにもピッタリのスポットだ。

浜松市コラム ❸

「浜松まつり」に見る生粋の浜松魂

浜松最大の祭り「浜松まつり」は、毎年ゴールデンウィークの5月3日～5日に開催される。

期間中は昼も夜もなく、文字通りのお祭り騒ぎだ。日中、遠州灘沿岸の中田島会場での凧上げ合戦に歓声を上げげたかと思えば、浜松駅前を含む旧市街地（市中心部会場）では毎夜、御殿屋台（いわゆる山車）の引き回しが行われるほか、さまざまなイベントが同時多発的に行われる。来場者は何と、毎年100万～150万人にもなる一大事だ。

この浜松まつりは、よくあるように、ひとつの神社、お寺の祭りではなく、浜松という町全体で執り行われるのが特徴だ。子どもの日にも開催されるとあって、一家の長男誕生、無病息災を祈願する祭りという意味合いもある。

浜松在住者はもちろん、市にとっては観光客を呼び込む重要なイベントとし

て位置づけられているが、その起源について近年、悶着が起きている。というのも、長年、市が浜松まつりの伝統に箔をつけてきた祭りの起源の定説に、信憑性がないことが明らかになったのだ。

これまで、浜松まつりの起源は、史書『浜松城記』の記述によっていた。それによると、永禄年間（1555～1569年）に、曳馬城の城主・飯尾豊前守の長男・義廣公の誕生を祝い、執り行われたのが最初とある。ところが近年、この『浜松城記』そのものが大正時代に書かれたものらしいという研究報告がなされ、室町時代に始まったとするこれまでの定説が、強く疑われるようになったのだ。祭りに箔をつけたい市側と、郷土史研究家の間にはかなり深い確執を生じているとか。

もっとも、そんな亀裂や確執など、生粋の浜松人（とりわけ市街地在住者）にとってはほとんどどうでもいい話。お役所やセンセーたちが勝手に悶着起こしているだけ、とまではいわないが、正直いって「何いってるの？ 祭りだってのに無粋だ」が大方の感想だったりする。何たって、とくに旧市街地在住の祭り好きときたら、祭りが終われば、翌年の祭りが待ち遠しくてたまらないっていうツワモノぞろい。理屈なんかいい、見事に祭りを完遂したい、その一心なのである。

だいたい伝統が違うのだ。各地域の若者たちが競う凧揚げ合戦などは、明治時代あたりからは近隣の町対抗で行われていたようだし、また、浜松まつりを盛り上げるためだけに「浜松まつり会館」なんていう大層な建物までつくってしまうほど、理屈抜きに浜松人は祭りが大好きなのだ。

第４章
静岡最大の 80 万都市
浜松市大合併の光と影

市制施行に向かった明治の大合併とＷＩＮ－ＷＩＮだった昭和の大合併

幻の「浜松県」と静岡へのライバル心

２００５年の12市町村による「平成の大合併」の結果、浜松市の面積は１５００平方キロメートルを超え、全国２位（１位は岐阜県高山市）の広さとなった。１９１１年の市制導入直後、「最初の」面積はわずか８・６６平方キロメートルだったから、１００年で２００倍にまで膨れあがったのである！　まるでゲーム『信長の野望』のような領土拡大だ。つまり、浜松市の歴史とは、合併の歴史といっても過言ではない。

それらすべての合併は、浜松市による事実上の吸収合併だ。しかし、元をただせば浜松が「吸収される」側だった。

1871年、明治の廃藩置県により、遠江地方には浜松県が成立した。浜松県は、江戸時代の浜松藩がそのまま県になったわけではない。相良藩や掛川藩など、遠江国内に存在した藩がすべて合併し、さらにいわくつきの堀江藩も編入し、遠江全域をフォローしていたのである。

要するに、大井川より西はすべて「浜松」となったわけだ。浜松市民は「県庁所在地・静岡市」を敵視するが、かつては浜松も県庁所在地だったのである。

しかし、それからわずか5年後の1876年、浜松県は廃止され、静岡県に統合されてしまう。本来は「異国」ともいうべき駿河（＝静岡）といっしょくたにされ吸収されるという「屈辱」から、浜松の近代はスタートした。ここから浜松の静岡に対するライバル心は一気に燃え上がるのだった。

版図を広げて着々と人口を増やすも

1888年に市制・町村制が制定されると、県下で最初に市に移行したのは静岡市だった。当時の静岡市の人口は3万7681人と、浜松町（1万363

0人）の倍以上を誇っていたのだ。そこで浜松町は周辺の村々と合併し、19
11年には人口3万6782人の新・浜松市が誕生した。

これで味を占めたのか、その後も浜松市は周辺に着々と領土を拡大していき、第二次大戦前には、ほぼ現在の中区に相当する領域が浜松市となっていた。

商工都市として企業誘致に成功した影響もあって、このとき浜松市の人口は約17万人。1889年の浜松町の時代から半世紀で人口を約10倍にしたのだ。

ところが浜松市は戦時中に激しい攻撃を受ける。度重なる空襲と遠州灘からの艦砲射撃により、浜松市の人口は半減。かなり浮き沈みの激しい半世紀で、これにより「浜松の野望」は潰えたかに見えた。しかし、浜松市は不死鳥のように甦える。再生の足がかりとなったのは、やはり合併であった。

幸いにも浜松には、技術という貴重な財産があった。そのため、戦後いち早く産業が復興し、戦争によって職を失った東海一円の労働人口の受け皿となり、市の人口も急ペースで回復していく。その際、新たに工場を誘致するには、条件のいい土地があるのに越したことはない。土地が増える＝工場が増える＝人も増える、というシンプルなプランだが、その効果は絶大だった。

当時の坂田啓造市長は、「町村合併によって人口30万人の中都市にする」と明確なプランを掲げており、１９４９年には可美村の一部と入野村の一部を合併。さらに１９５１年には新津村、五島村、河輪村を合併した。こうした「浜松の野望」を後押しするかのように、１９５３年には町村合併促進法が施行される。いわゆる「昭和の大合併」の時代である。

やれ新制中学の設置とか自治体警察の創設とか、自治体の役割は以前より増大しており、どの自治体も財源確保に頭を悩ませていた。そのため、合併される側としても、合併後に社会インフラを整備してもらえるなら万々歳。たとえば、道路や用水を引きたくても、村単位ではどうしようもない。合併して浜松市主導で事業化してくれれば……との希望を抱いて、町村側は合併に臨んだ。

一方で浜松市としても、領土拡大は産業の発展につながるメリットがある。そのため浜松市における「昭和の大合併」はＷＩＮ－ＷＩＮの関係で進められた。１９５４年には合計8町村が浜松市と合併したのを皮切りに合併を繰り返し、ついに１９６０年に浜松市の人口は33万７６４５人に到達。「人口30万人の中都市」を達成するとともに、初めて静岡市の人口を上回ったのである。

浜松市を巡る合併の歴史【明治・大正・昭和】

元号	年度	合併にまつわる出来事
明治	1871年	廃藩置県を受けて浜松県を設置（浜松県庁は浜松郡方役所をそのまま転用）
	1876年	浜松県廃止、静岡県に統合される（浜松は県都の地位を失う）
	1889年	市制・町村制が前年に公布され浜松は町制を施行（人口13630人）
	1896年	郡制を施行。敷知郡・長上郡・浜名郡が廃され新たに浜名郡が設置される
	1904年	白脇村の大字寺島、浜松八幡地、龍禅寺が浜松町へ編入
	1908年	浅場村の大字浅田、海老塚、伊場、東鴨江が浜松町へ編入
	1911年	7月1日に浜松市が誕生（人口36782人）
大正	1912年	富塚村の一部（両追分、和地山、和合の一部）が浜松市に編入
	1916年	天神町村の馬込と曳馬村の一部（高林一部、野口、八幡、下池川、船越一色、中沢、上池川）が浜松市に編入
	1921年	天神町村（天神町、上中島、向宿、木戸、福地、塚越、佐藤一色、名切、馬領家）が浜松市に編入
昭和	1936年	曳馬町と富塚村が浜松市に編入
	1939年	白脇村と蒲村が浜松市に編入
	1949年	可美村の一部、入野村蜆塚が浜松市に編入
	1951年	新津村、五島村、河輪村が浜松市と合併
	1954年	3月、笠井町、長上村、和田村、中ノ町村が浜松市と合併 7月、芳川村、飯田村、吉野村、三方原村が浜松市と合併
	1955年	神久呂村、引佐郡都田村が浜松市に合併
	1957年	浜名郡入野村、積志村、湖東村の一部が浜松市に合併編入
	1960年	浜名郡湖東村が浜松市に合併
	1961年	浜名郡篠原村が浜松市に合併
	1965年	浜名郡庄内村が浜松市に合併、舘山寺温泉が浜松市に

※浜松市ホームページほか各種資料により作成

陸の孤島のまま30年ゴネる可美村の合併史

合併を拒否し続けた頑なな「飛び地」可美村

ここまでに見た「昭和の大合併」は、だいたい1953年から1961年前後までのこと。全国的に市町村合併が相次いだ「合併ブーム」だったが、何しろ今から50年以上も前のことなので、当時の状況を覚えている人は少ない。教科書で学ぶ歴史と同じような感覚だろう。現在の浜松市民に実体験としてある「合併劇」となると、おそらく1991年の可美村合併ではないだろうか。

アラフォー以上の世代にとって、長らく可美村は「飛び地」として認識されていた。1957年に入野村、1961年に篠原村が浜松市と合併したことにより、可美村は周囲をぐるっと浜松市に包囲され、陸の孤島のような形になってしまったのだ。まるでローマの中のバチカン市国とでもいうべきだろうか。

もともと、可美村にも浜松市との合併話は何度となくあった。その最初の例は、第二次世界大戦前の1941年にまでさかのぼる。このとき可美村の村議会では、満場一致で合併が決議された。ところが住民からの反対にあい、「時局に鑑みその時期にあらず」との理由で合併が取りやめになったのである。と同時に、村長の不信任書まで提出されているから、激しい抵抗があったのではないかと推測される。

1949年には可美村の一部（明神野と東明神野の各字）が浜松市に編入されたが、本体の可美村自体は頑として合併を受け入れなかった。

次に可美村に合併話が持ち上がったのは、いわゆる「昭和の大合併」の真っ最中。まず1954年に浜松市から合併が要請された。さらに1957年には、静岡県知事から浜松市に対して合併促進勧告がなされ、通算3回目となる合併話が協議されたのである。

かつて失敗したときと同じ轍を踏むまいと、このときは住民説明会が何度も行われた。それでも住民の賛同は得られず、可美村は動かなかった。

懐が豊かな可美村は合併が不要だった⁉

すでに見たように、浜松市における「昭和の大合併」は両者WIN-WINの関係で進められてきた。合併される側にとっても大きなメリットがあったが、それなのに可美村が合併に踏み切らなかったのはなぜなのか。

簡単にいってしまえば、可美村は財政が安定していたからだ。可美村にはスズキの本社があるため、税収は極めて安定していたのである。ヨソの自治体のように、財源確保のために浜松市と合併するような必要性はなかったのだ。

しかし、いつまでも「飛び地」のままでは、浜松市主導の都市開発計画からは取り残されてしまう。いつしか住民の意識も変化していき、1990年の住民意識調査では3分の2以上が合併に賛成の意を示した。

この結果を受け、翌1991年、とうとう可美村は浜松市に編入される。1911年の市制移行から80年、ここまで16回もの合併を繰り返してきた浜松市は、ここからさらに「平成の大合併」を迎えることになる。

可美村の歴史と浜松市との合併経緯

元号	年度	出来事
明治	1908 年	可美村・村域のうち浅田・伊場・海老塚・東鴨江の大字が浜松町に編入される
	1909 年	鈴木道雄が鈴木式織機製作所（現スズキ）を創業
大正	1914 年	村名を可美村に変更。村名は「美しかる可（べ）き村」から
昭和	1939 年	浜松市長が主催した「市町村合併にまつわる懇談会」に白脇村、入野村、蒲村とともに代表者が出席
	1941 年	2 月 24 日、浜松市から合併要請があり、村議会満場一致得で可決も、住民の反対にあい合併話は反故に
	1949 年	明神野・東明神野といった大字（現在の浜松市神田町近辺）が浜松市に編入される
	1954 年	再び浜松市より合併要請も実現せず
	1957 年	静岡県知事から浜松市へ合併促進勧告も実現せず
平成	1990 年	可美村住民意識調査で 3 分の 2 以上の人が合併に賛成 12 月 15 日、浜松市・可美村合併協議会が設置される
	1991 年	5 月 1 日、浜名郡可美村は浜松市に編入

※浜松市ホームページほか各種資料により作成

スズキの城下町・可美村は、道路整備などに単独行政の限界を迎え、1991年に浜松市と合併した

浜松市トピックス

浜松より先に合併　静岡市と清水市

浜松市より先に県下で大規模な「平成の大合併」を実施したのは、旧・静岡市と旧・清水市の静清合併である。両市が合併協議会を設置したのは１９９８年。浜松市より５年先駆けて合併への道を踏み出し、２００３年に合併を遂げた。この合併で、人口約71万人（旧・静岡市約47万人、旧・清水市約24万人）の新・静岡市が誕生。そして２００５年には、全国では14番目、県内では最初となる政令指定都市の指定を受けたのである。

しかし、現在の静岡市民は、旧・静岡市民も旧・清水市民も「合併してもいいことはなかった」と口をそろえる。広域となった静岡市は都市部と過疎部があり、商業都市と山間部と港湾都市などもごちゃ混ぜ。カラーが異なる土地が一緒になり住民としては「ひとつの静岡」になりきれていないのが実状のようだ。行政区（葵区、駿河区、清水区）ごとの特色あるまちづくり……などといっ

武家や商人町として栄えた静岡と港町・清水は、合併はしたけど不仲ぶりは相変わらず

たところで、要するに「今まで通り」にしか見えない。このあたりは、今の浜松が抱える問題に共通する部分だ。静岡市からすれば、浜松の状況はまさしく「いつか来た道」なのだろう。

静岡市としては、県庁所在地としてのプライドを守るために、合併後の明確なプランを持たないまま、政令指定都市化への道を焦ったようなフシがある。現状を鑑みるに、浜松市もあまりヨソ様のことを笑えたものではないのだが……。宿敵といいつつ、結局やっていることは同じかも⁉

「浜名湖」を合言葉に政令指定都市化の大号令！

静岡超えを達成！　次なる目標は……

　1960年の第9回国勢調査では、浜松市の人口は30万人を突破し、静岡市を上回った。すると、その勢いのまま高度経済成長期や第二次ベビーブームを迎え、ついに1982年には人口が50万人を超える。この時点になると、もはや静岡市に対する浜松市の優位性は揺るぎないものとなっていた。

　ここで浜松市が次なる目標として定めたのが、政令指定都市である。政令指定都市になれば、さまざまな権限が国から委譲される。福祉や教育、都市計画などの分野で独自の政策が行えるため、より地元に則した行政サービスが行えるようになるわけだ。商工都市としての色合いが強い浜松市としては、特徴ある都市づくりを進めるうえで、政令指定都市化はこのうえないメリットをもたらすことが予想された。浜松市が政令指定都市化に向けて具体的な行動を起こしたのは、昭和から平成へと切り替わる頃である。まず、1988年に浜松商工会議所が政令指定都市化を取り上げると、翌年には青年部が調査を開始し、1990年には市民に向けて「21世紀に向けての都市づくり〜政令指定都市をめざして」というリーフレットを発行している。これが政令指定都市へ向けたファーストステップである。しかし、手を挙げたからといって、すぐに政令指定都市に指定してもらえるものではない。さまざまな条件をクリアする必要があったが、なかでもネックとなったのは人口要件であった。

立ちはだかる障壁　政令指定都市は夢物語？

政令指定都市になるための人口要件は、基本的には前例主義である。その大前提とされたのが1956年に指定された五大都市（大阪市、名古屋市、京都市、横浜市、神戸市）であり、新規に政令指定都市に指定されるには、これら五大都市にならい、人口１００万人以上が目安とされてきた。

しかし、人口約86万人の福岡市（当時）が１９７２年に指定されたことにより、新たな「前例」がつくられた。以降、人口要件は「将来的に１００万人になる見込みがあり、かつ現在80万人以上」と解釈されるようになる。

１９８２年に人口50万人を突破した浜松市は、それまでの増加ペースを維持できれば、いずれはクリアできたかもしれない。しかし、第二次ベビーブーム以降、出生率は低下する一方で、浜松市の人口増加率も鈍化。毎年少しずつ増えてはいるが、80万人はおろか、60万人すら難しいのが実状となった。１９９６年には中核市に指定してもらえたものの、政令指定都市は不可能と思われた。

しかし、浜松市には得意技がある。困ったときの「合併」頼みだ。とりあえず、周辺の市町村を取り込んで編入させていけばどうにかなる。今までずっとそうやってきた歴史がある。

さらに都合良く（？）、１９９９年に政府主導で「平成の大合併」が推進される。この大合併ではアメ（合併特例債による財政支援）とムチ（地方交付税の削減）が提示された。さらに、この期間に合併した都市は政令指定都市への要件も緩和されるとの話だったから、合併好きの浜松市としては、目の前のアメに食いつかないわけにはいかない。「今でしょ！」状態だったわけだ。

この「合併による政令指定都市化」は、2002年7月に浜松市が発表した「環浜名湖政令指定都市構想」によって明確に示された。この動きには周辺の市町村もビビッドに反応し、同年の10月には14市町村による「環浜名湖政令指定都市構想研究会」が発足。さらに経済界も迅速に対応し、11月に「政令指定都市推進協議会」を置き、政財界が一体となって合併が推し進められていく。ちょうどこの時期、2003年には「NEW‼わかふじ国体」が、さらに翌2004年には「浜名湖花博」が開催され、浜松を中心とした地域的な一体感はいよいよピークに達していた。

しかし、そうした浜松の盛り上がりにまるで水を差すかのように、2003年4月に静岡市と清水市が合併。合併後の新・静岡市が、県内最初の政令指定都市になるとの話となった。また静岡か。静岡はいつも目の上のタンコブだ。多くの浜松市民がそう思ったことだろう。だが、この新・静岡市の政令指定都市化が、浜松市にとって思わぬ追い風となる。

浜松市を巡る合併の歴史【昭和～平成】

年度	合併にまつわる出来事
1972年	天竜市、春野町、佐久間町、水窪町、龍山村が北遠地区広域市町村圏協議会を設立
1991年	北遠地区広域市町村圏が自治省（当時）により「ふるさと市町村圏」に指定され、「ふるさと北遠振興基金」を創設する 浜名郡可美村が合併（市制80周年）
1994年	浜松市、磐田市、袋井市、湖西市、森町ほか22市町村が「静岡県西部地方拠点都市地域」の指定を受ける
1996年	中核市へ移行 愛知県の東三河地域、長野県の南信地域とともに「三遠南信地域交流ネットワーク会議」を設立、三遠南信災害時相互応援協定を締結
2002年	7月、浜松市が、浜北市、天竜市、湖西市、舞阪町、新居町、雄踏町、細江町、引佐町、三ヶ日町との4市6町による「環浜名湖政令指定都市構想」を発表 10月、「環浜名湖政令指定都市構想」に春野町、佐久間町、水窪町、龍山村が加わり、「環浜名湖政令指定都市構想研究会」が発足
2003年	6月、上記研究会に参加する14市町村のうち、湖西市を除く13市町村で「合併協議会設置準備会」を設置。ただし8月には新居町が準備会を離脱する 8～9月にかけて、12市町村議会で「合併協議会設置議案」が議決される 9月、「天竜川・浜名湖地域合併協議会」が設置される
2004年	12月、「天竜川・浜名湖地域合併協議会」委員による合併協定調印式が開催される。その後、各市町村では合併関連議案が議決される
2005年	6月30日、旧・浜松市を除く11市町村で閉庁式を開催 7月1日、11市町村を編入合併した新・浜松市が誕生
2011年	浜松市制施行100周年

※浜松市ホームページほか各種資料により作成

12市町村団結の決め手は静岡市へのライバル心!?

宿敵静岡の合併が人口要件を緩和！

静岡市が清水市と合併して政令指定都市になるという話は、「浜松市の政令指定都市化」にとって大きくプラスにはたらいた。

というのも、政令指定都市化への人口要件は、先に見たように前例主義が大原則だ。以前であれば、「将来的に100万人になる見込みがあり、かつ現在80万人以上」がその条件だったが、静岡市と清水市が合併したところで人口はおよそ70万人。将来的な見込みに到っては、まず100万人など無理な数字だ。にもかかわらず、「平成の大合併」の状況下では、静岡市が政令指定都市になれるのである。これはつまり、人口要件が実質的に「人口70万人以上」にまで緩和されたことが明示されたに等しい。当時の浜松市が推し進めていた合併が成就したあかつきには、その数字はクリアできる目算がついていた。

静岡と清水が静清合併を果たしたのが２００３年４月。これを受けて、同年9月29日には、浜松市を含めた近隣12市町村による「天竜川・浜名湖地域合併協議会」が設置された。10月６日には早くも「第一回合併協議会」が開催され、その席で合併協議会の委員は次のように述べている。

「清水と静岡が一緒になって政令市になれるんだというような状況が分かってまいりましたものですから、『これはわたくしども浜松も負けちゃいかん』ということで……」云々。

静岡市に対する対抗意識と、浜松市の合併魂に火がついた。

浜松のお家芸炸裂　さぁ今こそ合併だ！

合併協議会が設置されてからの動きは実に早かった。協議会は月一回のペースで開催され、１年後の２００４年12月には合併協定調印式を開催。同じ月に各市町村で合併関連議案を議決し、翌年の4月18日には総務大臣の告示を受ける。そして、2005年の7月1日、12市町村が合併し、人口80万人の新・浜松市が誕生したのである。

静岡と清水の合併は、協議会設置から新市発足まで5年の歳月を費やしたことを考えれば、その半分以下。わずか1年9カ月でのスピード合併だった。さすが浜松市、合併はお手のものだ。そして2007年4月1日、浜松市は晴れて政令指定都市となる。長年の宿願を叶えた瞬間であった。

尽きることない野望　目指すは脱・静岡

さて、ようやく政令指定都市となったものの、問題は山積みの模様である。そもそも政令指定都市化を目指した最初の動機としては、「商工都市として専門性の高いまちづくりをする」という意識が強かったはずだ。

ところが、人口要件をクリアするために周辺市町村を大きく取り込む合併をした結果、都市部と山間部という産業構造の異なる地域を内包することになった。合併前から「どの地域も平等」を謳っていた以上、都市部の工業化ばかり推進するわけにもいかない。政令指定都市化が「手段」ではなく「結果」にすり替わった結果だ。実際、浜松市街地の人に話を聞いても、「ぶっちゃけ天竜はいらなかった」などといわれる始末。

だが、読者諸兄は、政令指定都市がひとつのゴールで、これで合併は終わったとお思いだろうか？　いやいや、浜松の合併欲は、こんな程度で収まるものじゃない。

いずれは湖西市から愛知県の東三河地域まで、さらに長野県の南信州地域をも飲み込んでいき、天竜川から浜名湖周辺全域をフォローする「環浜名湖県」の実現と、そこでイニシアチブを握ることを目論んでいるはずだ。そして、その地域構想からは静岡市はハズれて蚊帳の外。完全なる脱・静岡の達成となる。根底に流れる静岡憎しの情念……というか、やっぱり静岡市は異文化圏なんでしょうね。現在のゴタゴタは、来るべきときへの「予行演習」となるはずだ。

浜松市内の地域自治区 MAP

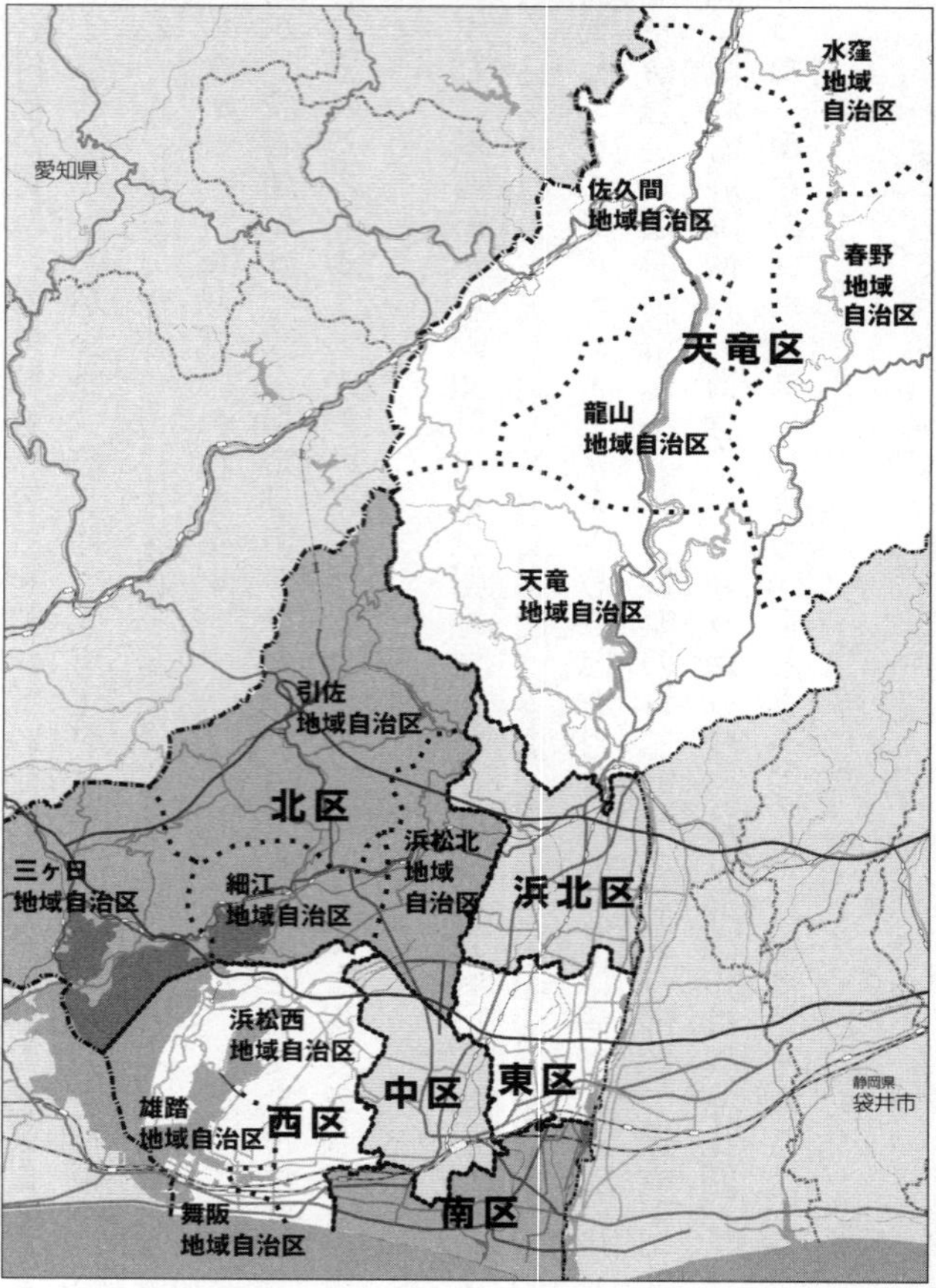

※現在は地域自治区は廃止されています

静岡市に格上感は認めつつも県下ナンバー1の実力は譲れない

政令指定都市の格を下げまくった2大都市

旧静岡市と旧清水市の静清合併は２００３年4月1日のこと。あれからすでに10年以上が経過した。

時の流れは早いものだと痛感する限りだが、２０１１年の静岡市長選の際に読売新聞が行った世論調査では、清水区では「(合併)しないほうが良かった」との回答が54パーセントに達するというショッキングなニュースが報じられた。一方で旧静岡市域(葵区、駿河区)では、ともに「して良かった」が上回っており、旧清水市民が後悔の念を抱いていることが浮き彫りになった。

そもそも以前の政令指定都市といえば、五大都市(横浜市、名古屋市、京都市、大阪市、神戸市）に代表されるような、「都会」のイメージが強かったはずだ。それを静岡市の連中ときたら、人口わずか70万人、将来的に100万人に達する見込みも薄い、南アルプスや中山間地域まで含む……などなど、静岡市こそが政令指定都市の「格」を下げた戦犯である。まったくもって静岡市は！と、ここらで静岡市の悪口をいってスッキリしておきたいところだが、合併後の浜松市も、あまりヨソ様のことを悪し様にいえない状況なのが心苦しい。何しろ広大な天竜区を〝身請け〟したおかげで、浜松市の市街化区域内の人口比率は63パーセントと、すべての政令指定都市でダントツの最下位なのだ。大阪市（99・9パーセント）や名古屋市（98・7パーセント）に遠く及ばないばかりか、静岡市（89・6パーセント）にまで水を空けられている始末。「広く人口が分布している」などと、おためごかしをいうのはよそう、中心部に人がいないのだ。

100以上の限界集落を抱え、さらに鉄道マニアのあいだでは「秘境駅」の異名でも知られる小和田駅まで存在する（インターネットで検索するとなんと！約9万語も登場した）。「そんな政令指定都市あるか！」とツッコミを入れられても文句はいえない。政令指定都市のネームバリューを静岡市以上に貶めたのは、正直なところ、われらが浜松市であったのだ。トホホ。

政令指定都市の価値を著しく低下させた浜松市ではあるが、人口の多さ、工業生産、財政状況、そして面積などなど、どの角度から検証しても、県内ナンバーワンの実力を保持していることは明らかだ。現在の静岡市の状況や将来性と比較してみても、おそらくこの差が覆ることはない。

だから、たとえ静岡市が県庁所在地であっても、県下では対等の位置付け……と浜松市民は思っているのだが、そうした思いを静岡市民にぶつけても「あ、そうなの？」と無自覚な〝上から目線〟発言を聞くばかり。浜松市にとって静岡市とは、同じ深夜バスに乗り合わせたオッサンのような存在だ。高イビキをかいて周囲に迷惑をかけておきながら、注意すると「いや～生理現象ですから(笑)」などと悪びれる様子もない。そのマイペースぶりに腹を立てて「周りにも人がいるんですよ！」と声を荒げたくなる。

一時期はパルコやマルイ、静岡１０９などの影響で、若者が「静岡志向」に傾いたこともあった。しかし、市内に大型ショッピングセンターが次々とできたり、シネコン付きのショッピングモール・サンストリート浜北が完成し、今は再び「浜松回帰」の流れになってきた。そもそも遠出して遊びに行くなら、静岡市よりも豊橋市のほうが近い。もはや浜松市民は、静岡市というやっかいな隣人を意識する必要はないはずだ。

合併都市の未来像を浜松が生み出せ！

合併後の浜松市にとっての課題は高齢化の波だ。病院の数が多く医療体制が整っているおかげで、全国の政令指定都市の中では唯一、平均寿命が男女ともに80歳を超えている。男女合計の平均寿命は政令指定都市の中でトップだが、その一方で市内のバリアフリー化は遅れている。

そもそも浜松市は、少し中心部から離れればアップダウンの激しい地形である。クルマ社会に移行した当初はさほどの不便もなかったが、高度成長期を支えたマイカー世代が高齢者になった昨今、クルマ以外の移動は困難で、都市部もエレベーターやスロープ、手すりの不足が目につく。行政は平均寿命のデータを掲げて「住みやすい町」などとアナウンスするが、決して「平均寿命が高い」イコール「高齢者に優しい街」ではない。このあたりが今後の大きな改善ポイントとなるだろう。

確かに浜松市は工業生産的に「もの作りの街」だ。その基本的な性質は今後も変わらないだろうが、これからは「作り終えた人々」への配慮も必要となる。

かつての「都会」らしい政令指定都市のイメージはメタメタに破壊してしまったが、高齢化の政令指定都市だからこそ、きたるべき超高齢化社会に向けてのモデルケースとなれないだろうか。医療が充実し、財政が安定した浜松市であればこそ、実現が可能なはずだ。つまらないハコモノ行政はそろそろ止めにして、本気で将来について考えるときがきたのではなかろうか。

※　※　※

同じ政令指定都市にしてライバルの静岡市は、2015年の国勢調査（速報値）で、人口が70万5238人、前回調査（2010年）との比較で1万959人の減少と、政令指定都市の目安となる人口70万人割れが現実味を帯びてきた。ちなみに前回調査で全国の政令指定都市で人口最少だった岡山市は、今回の調査で約1万人増の71万9584人となり、ビリから脱却。代わって静岡が政令指定都市で人口最少の都市になった。対して浜松市の人口は79万8252人。80万人を割ってしまったものの、前回調査から2614人減（0・3パーセント減）と、静岡と比べればなんとか持ち応えているといった印象。ただ県内トップを維持しているとはいえ、静岡の人口激減は他人事ではない。

浜松は前回調査から人口減に転じているが、その要因のひとつが主産業である製造業の景気悪化だ。2008～2009年にかけて、浜松の製造品出荷額は約2兆8900億円から約2兆1000億円に激減。2008年のリーマンショックを機に工場移転が相次ぎ、地元の雇用力が低下して転出者数が増加した。とくに就職及び進学年代の転出超過が目立つが、浜松では名古屋に多くの若者が吸い取られている。静岡でも産業の衰退と東京圏への若者の転出超過が問題視されているが、人口減の構図は浜松も静岡もさして変わらないのだ。

浜松は人口、面積、工業生産、財政など県内ナンバーワンの都市であっても、それは井の中の蛙に過ぎない。手遅れにならないよう、静岡を他山の石として喫緊の課題に積極的に取り組んでいってほしいところだ。

浜松市と静岡市の「製造品出荷額等」の推移

年度	浜松市（万円）	静岡市（万円）
2005年	275,330,205	164,980,831
2006年	284,999,565	167,220,923
2007年	322,566,513	178,693,356
2008年	286,934,985	184,517,027
2009年	209,810,124	154,266,381
2010年	201,457,688	169,720,088
2011年	—	156,114,201
2012年	208,528,575	171,107,280
2013年	213,027,043	175,166,435
2014年	200,577,466	175,841,576

※従業者4人以上の事業者が対象。両市発表のデータより作成　※2011年の浜松市データは未公表

浜松市コラム 4

すぐそこにある市街地を守る浜松基地

浜松駅から北に10キロほど、ほかの空自基地に比べると比較的市街地に近い場所にあるのが航空自衛隊浜松基地だ。東京ドーム67個分もある広大な敷地には、いざというときのためにカッコイイ戦闘機やら軍事ヘリやらがたっくさんスタンバイしているのかと思いきや、ここで幅を利かせているのは、曲芸飛行で有名なブルーインパルスにも使用されているT－4という練習機だ。

もともと、1926年に東京・立川にあった陸軍飛行第7連隊が移ってきたのが浜松基地の始まりで、1933年には浜松陸軍飛行学校が設立されているように、ここは当初からパイロットや整備員を育成する部隊が置かれていた。そうした経緯から、浜松基地には現在でも教育部隊が多く存在し、空自唯一の広報館・エアーパークも隣接する。日本の領空を監視する警戒航空隊も配備されているとはいえ、国防の最前線というよりは、どちらかといえば訓練学校と

しての意味合いや、空自広報としての役割が大きい基地といえるだろう。

浜松基地では、１９６０年に初めてブルーインパルス部隊が設立されていて、１９８１年に部隊が松島基地へ移るまでは、空自の花形基地でもあった。毎年秋に開催される航空祭ではブルーインパルスが飛来し、見事な演技を披露している。そんな中、１９８２年の航空祭ではブルーインパルス仕様のＴ－２機が演技中に墜落、パイロット１名が殉職している。住宅地に近いことが災いし、周辺住宅にも被害を出してしまった。

一般人が目にする自衛隊とは、こうしたショーや基地の一般公開のときがほとんどだ。多くの人は、戦闘機や曲芸飛行を見てカッコイイと思うわけだが、ここ浜松では、残念な事故が起きている。ただでさえ賛否両論ある自衛隊に対して、浜松人が向ける目が全体的にやや厳しいのは、日々の騒音に加えて、この事故が原因だろうか。ただ、いずれ彼らの力を必要とするときくる。近い将来にやってきてしまうであろう。南海トラフ巨大地震だ。

東日本大震災でも、浜松基地から部隊が出動し、被災地で救助活動を行っていたが、今度はそれが地元浜松で、という可能性が大いにある。松島基地のように基地自体が被災してはどうしようもないが、浜松基地周辺までは津波も襲ってこないと予測されている。さんざん訓練も行っているし、市街地に近いという利点を生かせれば、こんなに頼りになるものもない。東海地方の防災の意味でも、浜松基地は期待される存在なのだ。

第5章
栄えていたのは大昔 市中心部はボロボロ!?

たくさんのデパートが去り…一見派手な浜松駅前再開発の明と暗

撤退相次いだ百貨店　とどめは松菱ショック

現在、日本に20ある政令指定都市の中で、浜松は残念ながら中心街に元気がある都市とはいえない。

平成22年の国勢調査によると、市街地の規模を示す指標である人口集中地区に居住する人の割合は、わずか59・6パーセントで最低。ビリ3位の新潟市が7割強、ブービーの岡山市が67・5パーセントだから、ブッチギリの最下位だ。ちなみに静岡市は87・3パーセントで、比較にもならないほどの差がある。

こんな統計を持ち出すまでもなく、浜松市民であれば誰しも駅周辺の衰退を痛感している。1994年に丸井浜松店、1997年に西武百貨店浜松店、2

007年にイトーヨーカ堂浜松駅前店と、バブル崩壊後に大型店が次々に撤退。そして2001年、地域を代表する百貨店・松菱が倒産した。

この「松菱ショック」は、市街地のど真ん中におよそ11年間に渡って廃墟が不気味にそびえていたことで、浜松そのもののイメージを損ない、いまだに浜松の中心部に大きな爪痕を残している。

それでも、浜松駅を降りて北口から望む限りでは、政令指定都市として恥ずかしくない偉容を誇っている。駅ビルにはリニューアルしたメイ・ワンとビックカメラが入り、北口正面には近距離用として国内屈指の規模を誇るロータリー型のバスターミナルが存在を主張。西側には遠鉄百貨店本館と、旧フォルテ跡に建設された遠鉄百貨店新館が並び、浜松唯一のデパートとして頑張っている。

アクトシティ浜松は持ちこたえているが

北口の東側にそびえるのが、日本の超高層ビルでは第19位、静岡県内ではダントツ1位の「アクトタワー」を擁する、アクトシティ浜松だ。四面舞台やパイプオルガンなどを備えたコンサートホール、浜松市楽器博物館など、「楽都」としての誇りを示す施設のほか、オークラアクトシティホテル浜松など商業施設も充実。駅や駐車場からのアプローチが不便だったことで、オープンからしばらくは伸び悩んでいたテナント入居率も、政令指定都市に移行してからは大幅に改善された。人口80万人の大都市にふさわしいランドマークとして機能している。

問題はそれら周辺。特に古くからの繁華街である鍛治町近辺だ。西武百貨店撤退後に建設されたザザシティは、よりによってグランドオープン直前に、中核店舗となるはずだった松菱が倒産。ザザシティ「中央館」は、ちっとも中央じゃないという悲劇に見舞われている。その後、一時は大丸が松菱跡地への出店を表明したが、結局は白紙に戻されてしまう。2013年春までにようやく旧松菱本館が解体されたとはいえ、フットサル場として利用する計画も頓挫し、跡地は相変わらず更地のまま。地権者が入り乱れ、新館跡も依然として活用されていない状態だ。

シネコンやファッションショップを集めるザザシティの孤軍奮闘ぶりに対し、

周辺の田町や肴町、千歳町なども今ひとつ元気がない。イトーヨーカ堂浜松駅前店の跡地である「かじ町プラザ」には、ＪＲＡ（日本中央競馬会）の場外馬券場「エクセル浜松」と地方競馬の「ジョイホース浜松」が入ったが、地元のオートやボートに影響を与えそうで、何だか「奥の手」を使ってしまったような感じ。駅南地区も、駅南大通りの開通で交通の便は良くなったのに、駐車場や空き店舗ばかりだ。

郊外型の大型店舗にどう対抗するのか？

この要因はイオンやイトーヨーカ堂など、郊外に次々とオープンした大型商業施設にある。モータリゼーションの発達した浜松では、移動のほとんどが車。駐車場が有料で渋滞の多い中心部より、広大な無料駐車場を構える郊外の商業施設のほうが便利なのだ。

もともと、よくいえば倹約・節約上手、悪いいい方ならケチくさい浜松人は、総じて財布の紐が固め。スーパーやディスカウントストアで必需品を購入するのには出し惜しみしなくても、あまり華美な生活を好まない傾向がある。

さらに、浜北には専門店街「プレ葉ウォーク浜北」が、隣の磐田市にはショッピングモール「ららぽーと磐田」がオープンしたこともあって、限られたハイブランドの消費先も、郊外に持っていかれかねない状況となっている。

浜松市内はもちろん、磐田や掛川あたりの高校生が「街へ行く」といえば、今も浜松市街を指す。だが、このまま松菱跡が有効活用されないまま、郊外商業施設の隆盛が続くと、彼らが魅力を感じる店舗すらなくなってしまう。ライバルの静岡がパルコや丸井、１０９に東急ハンズと「プチ渋谷」化しているだけに、このままでは若者がどんどん流出しかねない。

再開発されたアクトシティ北側の東街区も、マンションなどが建ち並び整然としたものの、そこだけが隆盛して無機質感たっぷり。駅前とかつての市中心部がてんでバラバラで、全体として外から人を呼ぶ動線機能がない。松菱跡や今後予定されている再開発地区に、魅力的な施設が入らない限り、市街地の賑わいは取り戻せないだろう。市街地空洞化阻止に、官民一体、知恵を絞る時を迎えている。

※　※　※

松菱跡の更地は、いわば浜松市街地の衰退の象徴的な場所といってもいい。２０１６年９月に浜松市を訪れて松菱跡地を見てみたが、相変わらず更地のまま。地元民に聞いてみても、「商業施設とかビジネスホテルとか噂はあるんだけど、結局何ができるのか」とイマイチ歯切れが悪かった。２０１５年には地権者のアサヒコーポレーションが、「８階建て程度のオフィス・商業ビル」構想を発表したが、商業テナント誘致が難航して着工時期など具体的な計画の目途は立っていない状況。それでも松菱本館・新館跡地の真ん中に建っていたぁがたビルが取り壊されたことで、今後再開発がスムーズに進むのでは？　と期待されている。２０１６年11月には、地元商店街関係者が「浜松全体が疲弊状態。にぎわいを取り戻す施設を早期につくってもらいたい」と、再開発事業の早期実現を求める要望書を市議会に提出。大型の複合施設が１棟建てられたところで、市街地がドラスティックに活性化するとは到底思えないが、とにかく地元は更地のままの松菱跡地を一刻も早くどうにかして欲しいようである。

浜松市内から百貨店がどんどん撤退していったが、遠鉄百貨店は別。
全国的に百貨店事業が苦戦する中、売り上げは健闘している

2001年、市街地のど真ん中にある松菱が倒産。本館は取り壊された。写真は取り壊される前の松菱本館

2016年9月中旬に撮影した松菱跡。商業複合ビルの建設計画はあるものの、まだ更地のまま。いつ事業が動き出すのか!?

市政の中心地に元気ナシ 県も浜松をないがしろ？

駅前以上に元気がない市役所とその周辺

浜松市役所と中区役所が置かれている元城町周辺は、古くは徳川家康が浜松城に移った頃から、遠州地方の政治的中心地となってきた。現在も市役所のほか、中央図書館や浜松市美術館、浜松文芸館など、市の施設が集中している地域だが、ここのところめっきり寂しい状態になっている。

何せ肝心の市役所が、旧本館がなくなったことで駐車場がむき出しの状態に。旧体育館跡はいつまでたっても空き地のままだし、浜松信用金庫本店側も空き地や駐車場ばかり。市役所北側にある元城小学校も児童減少にともない、合併・廃校や小中一貫校への変更が取りざたされていて流動的だ。

そもそも浜松城公園だって、もともとは動物園だったわけで、このまま公園ばかりがどんどん広がりそうな気さえする。いよいよ、だだっ広い緑の前に、浜松城とホテルコンコルド浜松だけがぽつんと取り残されかねない。

だいたい、現在の市役所本館だって、政令指定都市の中枢（しかも区役所を兼ねている施設）とはとても思えぬ小ささだ。国の有形文化財である静岡市役所は歴史的建造物だから比較しづらいとしても、17階建ての静岡市役所静岡庁舎新館（こちらも区役所を併設している）と比べると圧倒的に見劣りする。それもこれも、浜松市の資金がのきなみアクトシティにつぎ込まれてしまったからだろう。あれだけの規模を持つ施設は県内どころか、全国見渡してもそうそうあるものではない。

県の施設との距離が温度差を示している？

国道156号線沿いなど、連尺町から元城町周辺に位置していたオフィスも、多くがアクトシティや浜松駅周辺に移転してしまった。そのあおりを受けてか、中間に位置していた田町や伝馬町周辺も、ビルの老朽化などの影響もあって空き店舗が増えつつある。

市の中枢が元城町周辺なら、国や県の出先機関は、再開発された東街区に集中している。国の浜松合同庁舎、静岡地方裁判所浜松支部、静岡県浜松総合庁舎などが、広小路を挟んでクリエート浜松と遠鉄遠州病院駅の反対側に並んでいる。市役所からは徒歩で10分程度の距離なのだが、この微妙な距離がまさしく浜松市と県や国との距離感を表している。

一方、国の施設はともかくとして、静岡県の浜松総合庁舎は10階建て。それなりに堂々としていて立派だが、静岡市にある県の施設に比べると実ははるかに見劣りする。同市にある県庁本館は、これまた登録有形文化財だから置いておくとしても、東館は16階建て、西館は10階建て。さらに隣には「県庁より立派な県警」こと、静岡県警察本部（静岡県庁別館）がそびえる。21階建てで、屋上にはヘリポートを備える、威容というべき建物だ。

そんなこんなで、浜松市民としてはどうも静岡県が浜松（を含む西部地区）を軽視しているように感じられてならない。道路などの公共事業もあまり力を入れないし、県の文化施設なんて浜松にはまるでない、といった不満も聞かれる。もっとも、舗装がガタガタの県道だらけの東部や伊豆に比べれば、決して冷遇されているわけでもないのだが。

※　　※　　※

本編にあるように「県の文化施設が浜松にはまるでない」といった声が浜松市民から聞かれたが、その文化施設でいえば、２０１６年５月に、市は浜松市教育文化会館の新ホールの新設整備に向けて検討を始めた。２０１７年度に基本構想を発表する予定だが、新ホールは付加機能や他施設との複合化などを考慮した上で、規模や用地を新たに選定して建設されるという。

一方、静岡県が行っている浜松市の整備事業でいえば、「浜松市沿岸地域防潮堤整備事業」が挙げられる。南海トラフ地震に備え、２０１２年６月に静岡県・浜松市・一条工務店は３００億円の寄付金を原資に、浜名湖から天竜川河口まで県が防潮堤を整備することで基本合意。２０１４年から工事が着工し、２０１６年５月末には全体の４分の１にあたる約４・５キロの区間で標高13メートルの築堤が竣工。残る区間の完成に向け、各工区で工事が進んでいる。

戦後、本田宗一郎に始まった浜松オートバイ産業の今

3社3様に個性的も需要は減り続け……

浜松の主要産業にオートバイ製造業がある。国内大手4社のうち、ホンダ、ヤマハ発動機、スズキの3社が浜松で創業し、現在もスズキが本社を、ホンダとヤマハも事業所を置いている。

バイク産業が浜松で育った理由は、江戸時代から続く「職人の街」としての技術力が根本にある。これに、浜松高等工業学校（現在の静岡大学工学部）などの確かな研究力が相まって、浜松は工業都市として発展した。その成果のひとつが、バイクである。

ただ、自動車の修理工だった創業者の本田宗一郎が自力で立ち上げたホンダ

以外は、異業種からの参戦だったというのもおもしろい。当時の経営者が進取の気性に富んでいた、商売の目利きだったともいえるが、ヤマハ発動機は楽器メーカーだったヤマハ（旧・日本楽器）から独立したし、スズキはもともとが織機の会社であった。

また、ホンダとスズキは、実に対照的な会社でもある。古くはＦ１やマン島レースなど、チャレンジングスピリッツ旺盛なホンダに対し、「浜松のトヨタ」と呼ばれるほど保守的なスズキ。その体質が現れているのが歴代社長だ。

創業以来、縁故採用を徹底的に排除し、社長にはいつも技術畑出身者が就任してきたホンダに対して、代々鈴木家が世襲（ただしほとんどが娘婿）で就任してきたスズキ。創業者（本田宗一郎）の名が世界的に知られているホンダに対し、浜松市民でも創業者（鈴木道雄）の名を知る人の少ないスズキ。テレビＣＭをとっても、ほとんど芸能人を起用しない理念先行のホンダに対し（かつてソニーもそうだった）、スズキはゼネラルモーターズ（ＧＭ）やフォルクスワーゲンなど、海外メーカーとの連携にも抵抗がない、現実主義的な面がある。

そのためか、あまり浜松に根付いていないホンダに比べると、スズキは骨の髄までどっぷりと浜松色だ。

良くも悪くも優等生なのがヤマハ発動機。もちろん二輪車は主力事業だが、トヨタなど四輪メーカーへのエンジン供給、ボートやヨットなどのマリン製品、スノーモービルやバギーなどエンジンが付いたものなら何でも手を出す幅の広さがある。へたに四輪車を作ろうとしない堅実さと、それでも作るエンジンは高性能という尖った部分を併せ持つ。

しかし、ことバイクの技術面では、評価が逆転するからおもしろい。四輪では華ある車を作り続けているのに、二輪になると途端にコンサバで「トヨタみたい」といわれるホンダ。優等生的だけどおもしろみもあるヤマハ、生真面目な社風とは正反対なバイクを作るスズキ。三社三様の味がある。

世界的大企業が軒を連ねるオートバイ城下町・浜松だが、残念ながら未来が明るいとはいい難い。２０１２年の二輪車国内生産台数は、わずか59万台。ピークだった１９８０年の約６４３万台と比べて、たったの９パーセントほど。国内販売台数が、同15パーセントまで落ちているうえ、円高や生産コストが影響し、生産現場を次々と海外へ移している。そう、業界としての望みは海外、とりわけ東南アジアでの需要にある。が、バイクの城下町にとっては、雇用や税収という意味で、かなり深刻な状況だ。浜松市は今、大きすぎる問題を抱えている。

※　※　※

２０１５年の二輪車国内生産台数は前年比12・5パーセント減の52万２００0台。同年の二輪車国内販売台数も前年比10・6パーセント減の37万３０００台となっている。同じく二輪車国内保有台数も前年比１・８パーセント減の１１４８万２０００台と、オートバイ業界には厳しい状況が続く。排気量別では、全体の54パーセントを占める原付第一種（50ＣＣ以下）の保有台数が25万台規模で減少する一方、小型二輪車（２５１ＣＣ以上）の保有台数が増えた。大型車の復調はオートバイ業界における唯一の明るい兆しであり、各社はコアユーザー（バイク好き）を狙った戦略で、大型バイクの新モデルを市場に投入している。ちなみに、メーカー別国内販売台数（２０１４年）では、ホンダとスズキが減少する中、ヤマハが大きく伸びている。シェアは圧倒的にホンダだが、ここ数年のバイク販売はヤマハが全体を牽引しているといっていい。

自動二輪車（バイク）の生産台数の推移

年	原付第一種（50cc 以下）	原付第二種以上（51cc 以上）				合計
		原付第二種（51 ～ 125cc）	軽二輪車（126 ～ 250cc）	小型二輪車（251 以上）	計	
1970	895,599	1,407,205	259,145	385,723	2,052,073	2,947,672
1975	1,030,822	1,887,701	331,733	552,291	2,771,725	3,802,547
1980	2,493,910	2,181,206	660,831	1,098,577	3,940,614	6,434,524
1985	2,014,850	1,373,423	469,728	678,346	2,521,497	4,536,347
1990	1,343,220	686,734	270,304	506,637	1,463,675	2,806,895
1995	951,803	1,038,938	217,738	544,760	1,801,436	2,753,239
2000	636,546	630,221	297,433	851,191	1,778,845	2,415,391
2003	458,072	376,800	235,499	760,534	1,372,833	1,830,905
2004	331,449	304,622	271,126	832,387	1,408,135	1,739,584
2005	298,549	260,343	279,274	953,419	1,493,036	1,791,585
2006	306,246	149,868	276,043	1,039,229	1,465,140	1,771,386
2007	264,336	178,827	269,689	963,245	1,411,761	1,676,097
2008	162,928	128,381	192,863	742,667	1,063,911	1,226,839
2009	108,417	57,424	125,384	353,676	536,484	644,901
2010	87,513	80,630	108,950	387,082	576,662	664,175
2011	104,936	64,507	104,636	365,108	534,251	639,187
2012	90,886	39,569	91,925	373,093	504,587	595,473

※ 1979 年より「KD セット」を除く。「KD」セットとは、1 台あたりの後世部品価格が 60% 未満のもので 1998 年から部品扱いとなっている。※日本自動車工業界のデータより作成

宗一郎の出生地・天竜区にある本田宗一郎ものづくり伝承館。往年の名車も展示されている

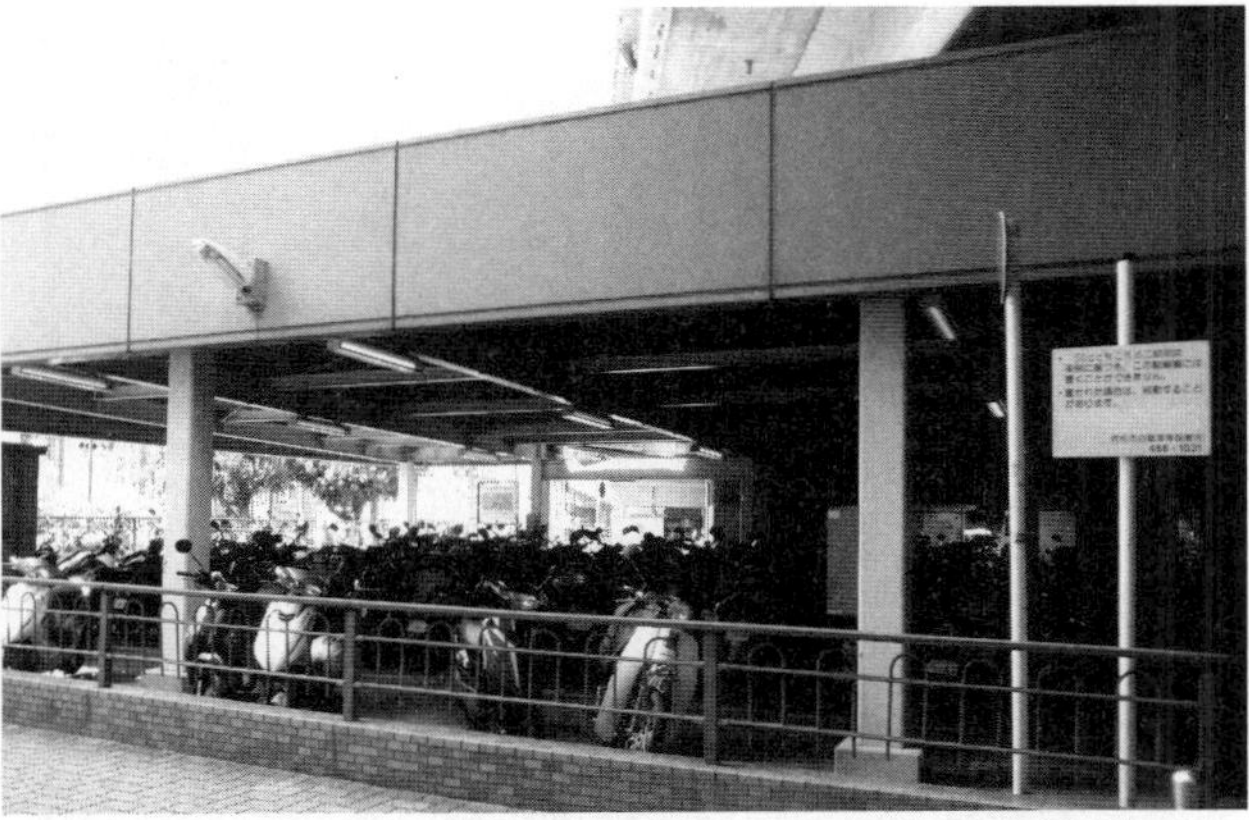

浜松駅近くの駐輪場にズラリと並ぶ原付バイク（原動機付自転車）。バイクの街ならではの姿？

浜松市トピックス

テクノポリス地区　産官学が一体となり成功！

江戸時代から綿織物や製材、それらを材料とした工芸品製造などが盛んだった浜松は、明治時代には織機や楽器、大正から昭和初期にかけては木工機械や工作機械などの製造業が盛んな町だった。戦後はさらにオートバイや自動車、電子機器や光技術へと移っている。浜松の工業は、絶えず変化が続いていたことで、新しい分野への挑戦や、異業種との交流が当たり前のようになされてきた。その風土が生かされたのが、テクノポリスだ。

テクノポリスとは、テクノ＝技術、ポリス＝都市という意味で、産業と学術研究、住環境の調和のとれた技術集積都市のこと。浜松地域は１９８４年には全国でトップを切って開発計画が国に承認された。都田地区を中心に、光技術団地の浜北リサーチパークや、中小企業の工業団地であるテクノランド細江などが造成されている。

浜松地域テクノポリス地区の中心・都田地域には、県内外から異業種の中小企業が集結

実は、浜松駅前のアクトシティも、テクノポリス構想の中心拠点として建設されたものだ。

１９８０年代に全国で展開されたテクノポリス計画の中で、浜松地域は成功事例として紹介されることが多い。最先端の産業を開発する拠点であるテクノポリスは、企業や教育機関を外部から引っ張ってくる必要性が高かったが、優れた中小企業や静岡大学工学部、浜松医科大などもある浜松は、外部からの誘致が最小限で済んでいる。さらに、得意の異業種交流で相乗効果が生まれるなど、浜松の産業を下支えしてる。

全国シェア100パーセントだったピアノ生産の拠点が他市へ

ローランドの移転で大手3社が浜松に集中

「音楽の街」であることを、最近ようやく内外にアピールし始めた浜松。確かに楽器メーカーはたくさんあり、関連産業に携わる人の数も多く、ハード面では抜きん出ている。だが、ソフト面ではどうか。音楽大学を2つ、市民オーケストラを4つ抱え、日本を代表するオーケストラ「東京交響楽団」が存在する神奈川県川崎市のほうがよっぽど「音楽の街」だ。

アクトシティに一流の演奏に堪えうるホールや楽器博物館など、施設が整ったことでようやく市も腰を上げたが、行われるコンクールといえば浜松国際ピアノコンクールや、浜松吹奏楽大会くらい。全国的な話題になりにくい地味な存在で、市民でもよく知らない人は少なくないはずだ。

一方で、ハード面ではさすがに世界的企業が集まっている。ヤマハの前身である日本楽器製造は、創設者の山葉寅楠がオルガンを製造。日本の洋楽器産業はここから始まっている。そのヤマハから独立した河合小市が設立した河合楽器製作所とともに、日本の音楽産業を大きく支えてきた。

さらに、電子楽器の最大手であるローランドが２００５年に浜松へ本社を移転。１９７２年に大阪で創業した同社だが、翌年には細江町（北区）に工場を建設し、実質的な製造現場は浜松にあった。本社機能も浜松に移転した理由は、楽器の世界では国際ブランドである「浜松」の名前がほしかった、という側面もあるようだ。楽器の浜松はこうもスゴイのだ。

ピアノ人口の多さに音楽都市の可能性

実際に3社の子会社や関連会社以外にも、浜松市内には優れた楽器の製造企業がある。また、楽器産業の国内トップ3である3社は、音楽スクールなど人材育成や音楽の普及にも力を入れている。音楽文化産業を支える裾野を広げる努力をしているのだ。

ところが、浜松が100パーセント近いシェアを誇っていたピアノ生産も、近年では割合がグッと低下。ヤマハが浜松工場を閉鎖してグランドピアノの生産拠点を掛川工場に移管し、河合楽器も磐田市の竜洋工場に生産拠点を集約したことが、直接的な理由だ。周辺市によるシェア奪取はバイク産業でも見られるが、やがて深刻な問題となるかもしれない。

また、市のバックアップが、吹奏楽とピアノコンクールに限られている点も問題だ。学生専門の音楽といっていい吹奏楽は、クラシック好きな音楽ファンが好んで聞く管弦楽とは似て非なるもの。趣味として長続きしづらい。一方のピアノコンクールは、歴史が浅く、開催間隔が長い（3年に1度）という点がデメリット。

もっとも、浜松国際ピアノコンクールは国際音楽コンクール世界連盟にも加入し、若手ピアニストの登竜門として徐々に評価を上げており「日本では浜松でしか開催できないコンクール」ともいわれている。その理由は、ホームステイを受け入れるホストファミリーの存在だ。ピアノのコンクールでは調整のため、参加者の宿泊先にピアノが必要となりがち。だけど、あれだけ大きくて高価な楽器を複数備えるホテルはそうはない。そのため、近年では多くの国際コンクールが参加者の数を減らす傾向にあるという。

その点、浜松がスゴイのは、ピアノが自宅にある家庭が異常に多いことだ。弾ける人が家族にいなくても、楽器関連の仕事をしているために、グランドピアノがあるって家庭もあるほど。

だからこそ、90人以上が参加する規模の大きなコンクールが開催できるのだろう。途中で敗退した出場者も、開催期間中ずっとホームステイできるし、その間に、市内の学校などでホームコンサートを行うことも多い。

浜松ではクラスに４～５人、ピアノが達者な生徒がいるのが当たり前。ところがヨソの都市では、クラス替えの際に、ピアノを弾ける生徒を意図的に振り分けるほどだったりする。このあたりに、音楽の街として浜松が発展するためのヒントがありそうだ。

ヤマハ、河合楽器、ローランドといった、総合楽器メーカーの上位3社が本社と研究開発拠点を置く浜松市では、「音楽の都に向けた挑戦～文化が都市の活力を生む『創造都市』の実現～」を掲げ、楽器の街から音楽の街への飛躍を遂げるため、さまざまな取り組みを行っている。

※　※　※

しかし、浜松が音楽の街を標榜する背景にある楽器産業の状況は芳しくない。とくにピアノ販売は長期低落傾向がずっと続いている（2011年は東日本大震災による買い替え需要でプラスに転じたが）。販売数の落ち込みは、少子化や低価格な電子ピアノの購入者の増加が主な理由だが、この状況が続くようなら、本業のピアノ販売の不振を事業の多角化で何とかカバーしてきた大メーカーにも我慢の限界は来る。また、メーカーの不振は関連業者にも悪影響を及ぼす。浜松には、さまざまな楽器を製造する事業者やリペア・修理業者などの関連業者も多いが、近年では休廃業する事業者が増えてきているという。

もはや浜松からの生産拠点移転どうこうより、低迷を脱出したい楽器業界にしてみれば、ピアノなど楽器の販路拡大こそが急務になっている。

民間委託でオートも黒字!! 浜松は今、ギャンブル銀座！

なせばなるのだ！　オートの復活劇

１９５６年のオープン以来、市民（主におっちゃん）に親しまれている公営ギャンブルが浜松オート。開設以来、黒字経営を続けていたが、２００１年、２００３年、２００４年と３度の赤字（計４・６億円）を計上したことで、急遽市議会から「廃止論」が持ち上がったことは、浜松市民の記憶にも新しいところだろう。

ただ、これらの赤字はこれまで留保してきた基金からの取り崩しで賄えたこと、存続を希望するファンから９万筆近い署名が集まったこと、さらに経営を民間委託して効率化するという具体的な提案が日本小型自動車振興会からなされたことなどから、廃止の方向に舵を切っていた市も方針を転換。２００６年より「とりあえず5年」は、民間委託での存続が決まった。

オートレースは全国に6場しかないため、1場の閉鎖がヨソへ与える影響は絶大である。そのため、管轄する日本小型自動車振興会や委託された日本トーター（競艇で有名な笹川一族が設立に関係）、選手や関係者は必死の努力をした。選手賞金は2割以上カット、選手の1割以上は退職、年金制度も廃止された。こうした努力で浜松オートは黒字化を達成。さらには、毎年平均4億円の黒字を計上し、市の一般会計への繰り出しも再開されるなど、見事に復活している。

これぞ、オートバイの街としての面目躍如であろう。注目選手には、父は競馬専門紙記者だったという、若手のエース・金子大輔らがいる。

浜名湖のボートは2市で優良経営中！

浜松周辺の公営ギャンブルといえば……そう、新幹線からも見える、湖西市（旧新居町）のボートレース浜名湖（競艇）も忘れちゃいけない。１９５３年、東日本で最初に開設された歴史ある競艇場であり、ＪＲ新居町駅に直結するという好立地。日本一の広さである競走水面が、ダイナミックなレースを演出している。

もともと、旧新居町・舞阪町・雄踏町の３町で共催していたため、現在は浜松市と湖西市が共同設置した企業団が運営中だ。ドル箱である最上級ランクのＳＧレースが開催されるか否かによって、収支が大きく変化するものの、黒字は今なおキープ。隣県愛知のボートレース蒲郡や常滑に比べれば、余裕のある経営といえるだろう。

オートといいボートといい、今の時代、公営ギャンブルが黒字というんだから、浜松人のギャンブル熱は、やはり相当だ。今どきはネット投票もあるが、ファンの高齢化を考えると「地元民」が本場開催へ足繁く通う証でもあろう。

競馬もやってきた！　３競オート揃い踏み

隣の豊橋には競輪場もある。一部の北区民にとっては、距離的にもっとも身近な公営ギャンブルだが、こちらは経営が苦しい。豊橋市長も一度廃止を表明したが、市議会が時期尚早として待ったをかけ、何とか廃止を免れた。綱渡りの経営が続いているが、こちらも日本トーターが運営を担当。細〜く黒字を確保している状況だ。

そんな公営ギャンブルのメッカ浜松に、唯一縁がなかったのは競馬だった。しかし2011年8月、静岡県内では初となるJRA（日本中央競馬会）の場外馬券売場「エクセル浜松」が開場。すると、ネット投票はイヤ、というオールドファンらに支持され大好評。何しろ場所が、旧イトーヨーカドー浜松駅前店跡地、かじ町プラザという一等地。有料定員制とあって、比較的マナーのよろしい利用者が多いこと、市の中心部にあるのにテナントがガラガラだったかじ町プラザに賑わいが出たことから、市民はおおむね歓迎しているようだ。これを追い風に、2013年2月には、かじ町プラザ内に地方競馬の場外馬券場「ジョイホース浜松」までオープンしている。

かくして、競馬にボートレース、競輪、オートレースと「3競オート」が近距離圏に出揃った浜松。ここまでの密集地域は、東京競馬場・ボートレース多摩川・京王閣競輪場を擁するギャンブルタウン、東京都府中市〜調布市地域の例はあるが、そう滅多にない。もちろん、東海地方では初だ。かといって「ギャンブルで一発逆転、人生大逆転！」な〜んて思っているファンが多いわけでもなさそう。「小さくコツコツ」を忘れては、そう長くギャンブルとは付き合えないわけで。そうそう、さし当たって、ギャンブル銀座・浜松の悩みは、ファン層の高齢化、進まない世代交代だろうか。

※　※　※

名門オートレース場だった船橋オートレース場が、経営難から2015年に廃止されたことを受け、浜松市が浜松オートの事業継続について、2017年度で切れる民間委託契約（市では公営競技システム管理「日本トーター」と収益保証付きの包括民間委託契約を結んで浜松オートの運営を委ねている）を継続するかどうかに注目が集まっていたが、市は事業継続が可能と判断し、複数年での契約更新となった見込み。これで2018年以降も、浜松オートが開催されることが事実上決定し、関係者やファンは胸をなでおろしている。

公営競技の中でもオートレースの苦境は他とは比べ物にならない。船橋が廃止されたため、全国のオートレース場はわずか5カ所。協会の力不足か、ファンを呼び込む効果的な企画・イベントも打てず、新規ファンの開拓ができていない現状（一時は元ＳＭＡＰの森且行選手を広告塔にファンサービスしていたが）。競馬、競輪、ボートレースがさまざまな工夫を凝らして集客に繋げている一方、純粋なファン頼みになってしまっているオートレース場の入場数は、当然ながら伸び悩んでいる。結局、浜松オートでも賞金カットやリストラ策でいくら黒字化を達成しても、そもそも車券を買うファンを増やさなければ危機は去っていかない。

現在の公営競技の売り上げに大きく寄与し、「救世主」になっているのはネット投票だ。ただこれにしても、単にネットで券を売るというだけではなく、たとえば競輪ではネット販売のみのレース（ガールズケイリンなど）を新設するなど、さまざまな工夫を行い、若年層の新規ファン獲得やイメージアップに努めている。そうした努力や工夫は、カジノ法案などもあってギャンブルのイメージダウンが激しい昨今、公営競技が存続するために必要不可欠である。

2017年度をもって閉鎖の危険もあった浜松オートだが、2018年以降も存続が決定。それでも経営的には予断を許さない状況は続く

浜名湖競艇企業団（湖西市、浜松市）が施行し、黒字を計上しているボートレース浜名湖

北口も南口もそろって衰退浜松駅チカ商店街に未来は？

低空飛行で安定中の有楽街とモール街

いわば低空飛行で安定している浜松市中心部の商店街。若者向けファッションや雑貨、飲食店にカラオケ店などさまざまな店舗が並ぶ有楽街は、クラブやライブハウスなど、若者文化の拠点となっているストリート。地元の学生たちがまずまず集うスポットだ。

有楽街から鍛冶町通りを挟んで、南に延びるモール街は、もう少し年齢層が高めの飲食店などが中心。1991年にモール街の中核を担っていたニチイが、翌1992年には長崎屋が閉店、さらに入り口にあった松菱まで閉店の憂き目にあった。パチンコ屋などのテナントが入ったことで、何とか人通りがあるが……って感じ。

もう少し大人、マダム向けの店が多いのが、有楽街の北側を東西に延びる、ゆりの木通り商店街。和食店や呉服店など、グッと落ち着きすぎちゃう雰囲気となる。

さらに、有楽街の西側の肴町、モール街の西側である千歳町には夜のお店が大集結。料亭や小料理屋のほか、キャバクラや風俗といったオトコの夜のお店まで、猥雑な空気が漂うエリアだ。

これら一帯は、道路がカラーブロックで覆われ、スッキリした雰囲気になったはずなのに、どこも今ひとつパッとしない。チェーン店以外に新規出店があまりないし、地場の店にも特色が薄いからだ。中心部に高校が集中する浜松では、相応の高校生が商店街を利用しているはずなのだが、そうでもない。駅前あたりから人を呼び込む魅力、起爆剤がないためだ。

駅南の衰退が深刻化　道路整備が起爆剤?

それでも北口の商店街はまだマシなほう。問題にならないくらいずーっと衰退しまくっているのが南口、いわゆる駅南地区だ。

長いこと駅南地区の発展障害となっていたのが、道路の問題だろう。浜松駅から中田島方面へ向かう幹線道路がなく、大型バスさえ細い道を行き交っていた。道路も水田だった頃の名残か、東西南北ではなく、45度も傾いた碁盤の目状になっている。

現在、これを大胆に改修する事業が進行中だ。まず浜松駅から中田島までをまっすぐつなぐ、中田島街道が完成。幅員も広く、大型バスも安心通行できる幹線道路に変身した。さらに中田島街道と新川の間を大胆に整備する、高竜土地区画整理事業が進められている。おかげで中田島街道沿いは、空き地だらけでガラガラだ。

そして隣接する砂山町にあるのが砂山銀座・サザンクロス商店街。戦前から駅南唯一の商店街として続いている歴史ある、雨の日も安心なアーケード商店街なのだが、とにかく人通りがない！

「10年ほど前に再開発ビルを建てる話になったの。でも、多くが土地持ちのオーナーじゃなくて、それならココを出ていくって、いなくなっちゃった。開発話もなくなって、こんな状態なのよ」

商店街で長年商いを続けているご年配の言葉である。チャンスはそれ以来、ないってことだろう。

地域分散型の浜松で間抜けな活性化計画

大型商業施設だけでなく、こと商店街に関しても、ライバルの静岡市に惨敗といっていい浜松。

これを挽回しようと打ち立てたのが中心市街地活性化計画だが、目標達成どころか大コケ。金をかけて再開発すればするほど、人口も歩行者通行量も、小売販売額も減少しているのは、スカスカの東街区を見れば一目瞭然だ。

浜松は2005年の大合併以前に、多くの吸収合併を繰り返してきた。ほとんどが戦後で、入野・新津・五島・河輪・笠井・長上・和田・中ノ町……全部で1町18村も編入している。それぞれの町村の中心部にはおよそ商店街があったわけで、それらは地元に根付いていた。合併したからといって、さぁみんな浜松の中心部へ集まれ！　ってわけにもいかない。

そういった小店はスーパーやショッピングセンターに代わられていくが、マイカー族が多い浜松では移動も簡単。市中心部の商店街より、駐車場がある郊外へとなる。山海に挟まれて土地が狭く、出店規制が厳しかったことで中心部の商店街が存続しやすかった静岡とは、環境が大きく違うのだ。

中小企業庁が認定した「がんばる商店街77選」には、静岡の呉服町名店街が入っている。だが、浜松が見習うべきは、もっとほかの地域だ。駐車場へのアクセス支援を行って人を呼び込んだ長崎市中央地区商店街、再開発に合わせて分断されていた商店街を直結させ、郊外型ショッピングセンターに負けない店舗を揃えた香川県高松市の丸亀町商店街など、浜松の事情に近いモデルケースはたくさんある。工夫を凝らせば、商店街復活のチャンスは十分ある！

※　※　※

２０１５年の１月、浜松市が地域の特色を生かした活性化策をまとめて申請した「地域再生計画」が国に認可されたことを知って、ちょっと驚いた。同計画で浜松市は、今後5年間（２０２０年まで）で再開発や商業活性化（中心市街地の駐車場整備や空き店舗活用など）、道路整備などの事業に取り組み、「コンパクトシティー」の形成を目指すという。今さら感がアリアリで「じゃあ、今まで何してたのよ！」と思わず突っ込みたくなった。

同計画の目標数値（２０１９年度）は、市街地の商業活性化というテーマでいえば、休日の歩行者通行量で２０１３年度比7パーセント増の10万９３００人、空き店舗数は２０１４年度比25パーセント減の53区画と、明確な数字を出している。とはいえ、２０１６年9月に見た市街地の様子に従来との変化はあまり見られなかった。そもそも計画にあるような道路や駐車場の整備をしたところで付け焼刃でしかなく、静岡のように自動車社会からの脱却を図るべく、公共交通と徒歩移動による回遊性を重視したまちづくりをしなければ、各商店街の活性化なんてできないと思うのだ。

静大か浜松医大へ高校からある学歴主義社会

2つの国立大は理系　高校生も理系志向？

工業の街であり、後述するが「病院銀座」でもある浜松の学生は、とかく理系の勢力が強い。何といっても、最高学府である大学からして、理系が幅を利かせている、浜松医科大学に静岡大学工学部と偏差値で他を圧倒する2つの国立大学がいずれも理系。公立の静岡文化芸術大学は、文理どちらでもない芸術系だから置いておくとして、私立でも聖隷クリストファー大学、浜松大学は理系の看護系学部が主だ。

実際、浜松でトップの進学実績を誇る浜松北高校では、理系を志向する学生が多い傾向にある。「普通科は選択教科の都合で、2年から文系、理系でざっくりクラス分けされますけど、僕の代では9クラス中2クラスが文系。4クラスが理系でした。あと3クラスは混合です」（同校30代ＯＢ）

文部科学省がまとめた平成24年度の学校基本調査によると、文系（人文科学、社会科学）の48・5パーセントに対して、理系（理学、工学、農学、医・歯学）は26・9パーセント、その他（家政、教育、芸術など）が24・7パーセントだった。全国的には文系が理系の2倍弱いることになるから、浜松北高の理系志向がいかに高いかが分かる。

静岡ナンバー1の静岡高校では「うちも理系志向は多いけど、それでも文系のほうが多かった」（同校20代ＯＢ）とのこと。浜松の理系志向は、親や親類に技術者が多いこと、潤沢な就職先（メーカー）があることが背景にある。

浜松の公立高校にあるリアル・ヒエラルキー

特殊な教育環境は、中高教育にもある。静岡県は私立高校よりも公立高校の進学実績が高いことで有名だが、浜松はその傾向がより顕著だ。たとえば静岡には、静岡学園や東海大翔洋、常葉橘など、そこそこレベルの私立高校があるが、浜松の場合は「私立はすべり止め」的な存在。ただし、女子に関してはまた違った側面もある。浜松海の星高校や、中高一貫の西遠女子学園といった女子高は大学の指定校推薦に強いこともあり、一定の人気を保っている。

公立高校は、浜松北→浜松西→浜松南という序列が確立している。中高一貫教育になったことで浜松西高の立場が急上昇したものの、「北高より上！」とはさすがにまだいいがたい。だが「附属中&北高ルート」と「西中&西高ルート」という選択肢が生まれたことで、小学生や親にとってはうれしくもあり、悩ましくもあるようだ。ちなみに附属中とは、浜松の名門、静岡大学教育学部附属浜松中学校である。附属小学校もありそちらの定員は80人、中学は120人と俊英集う狭き門だ。

名大よりも静大!? 浜松独自の就職戦線

浜松北高はとかく自由な校風が特徴だ。教師も「髪を染めても、授業中に寝ていても何にも言わない」（同校ＯＢ）というほどの放任主義。裏を返せば実力主義なのだが、こういう話、地方のエリート公立校ではよく聞く話ではある。

一方で西中＆西高は、悪くいえば管理的、良くいえば面倒見が良い。数学や英語などは中等部から高度な指導を受けることができるし、中高6年間を同じ仲間と過ごせるのも魅力だろうか。

簡単にいえば、人間の幅を広げるなら附属中＆北高ルート、決めた道に一直線なら西中＆西高ルートといえなくもない。

ただし、浜松市内の企業に就職するなら「北高ブランド」が絶対だ。先輩に「北高なんだって？」と聞かれるのは当然、「浜松は学歴を大学じゃなくて高校で見ます。東大や京大は別としても、西高から名大（名古屋大学）に行くより、北高から静大（静岡大学）に行くほうが格上だと思われるんですよね」（市内の大手メーカー勤務の浜松西高ＯＢ）なんてことも。

このあたりに、浜松が標榜する「出世の街」が、実は学歴主義で、とかく年配者は頭が古いというか柔軟性がないというか、そんな地域性が色濃く出ている印象だ。少子化は進むばかりだし、このヒエラルキー、いつかは崩れるときがくるはずだけど。

そうはいっても、現状、階級社会の浜松で偉くなりたい市民は、幼い頃からエリートコースを意識せざるを得ない。鉄板方程式は「附属小・附属中・浜松北高・浜松医大」で、いずれも国公立の学校となる。中高を浜松西高中等部・浜松西高というルートを選んでも同様だ。不況の時代、国公立コースは、自分の未来だけじゃなく親の懐にも優しいってわけ。

が、官僚や弁護士など、文系エリートを目指す学生は、一度は浜松を出ねばなるまい。ま、かわいい子には旅をさせよ、これがまっとうな考えとする向きもあるが。

※　※　※

最新（2017年）の静岡県内の高校の偏差値トップは、静岡高校（普通科）の71で、浜松北高（普通科）他3校が70で続く構図となっている。とはいうものの、静岡と浜松のライバル関係や学校の歴史・伝統を考慮すると、静岡県内の名門2トップは、やはり静高と北高でいいだろう。

両校の2016年の進学実績（高等学校ホームページ・サンデー毎日／20

１６年４月５日号等参照、浪人含む）を比較してみると、東大合格者数では、静高＝11、北高＝12、京大合格者数では、静高＝14、北高＝19人と、若干だが北高が上位。他に北高は理系志向でとくに医学部への合格実績が高いと評判なので調べてみると、たとえば医学部合格者数では、静高＝26、北高＝44名と、やはり北高が圧倒的に強かった。しかし、本編に書かれている鉄板方程式のゴールである「浜松医科大」だが、こちら合格者数は静高＝4、北高＝6と、思ったほどの差はない。もはやエリートはそれほど地元の最高学府にこだわっていないということか？

ちなみに浜松ナンバー２といわれる浜松西高は、２００２年に中高一貫教育を開始して以降、大学進学実績が確実に伸びているという。東大・京大合格者も輩出しているエリート校のひとつだが、いくら北高に成績で迫っても（たとえ抜いたとしても）ナンバー１になれないのは、地域に強く根付いてきた伝統校のブランド力を覆すことは不可能だからである。

静岡市を離れて、工学部や情報学部が浜松にある静岡大学。もの作りの街らしく、市民の評価も高い

浜松きってのエリート校、県立・浜松北高校。中高一貫となった、浜松西高校が背中を追う

総合病院がかなり充実！その実力と課題とは？

医大のほか大病院が集中する病院銀座

浜松は病院銀座と呼ばれるほど、充実した医療体制が整っていることで知られている。かつての「総合病院」の基準である病床数２００床以上の病院が、市内に19施設（厚生労働省の２０１１年医療施設調査）。静岡市の13施設と比べても、実に多い。そして、量に加え、質も高いのが浜松医療である。

もっとも心強いのが、浜松医科大学医学部附属病院（医大）。教育、臨床、研究の３機能を持つ大学病院は、高度先端医療の本丸的存在だ。集中治療室、無菌病室、医薬品情報管理室などの特別な設備を備え、重病や難病などに対応できる高度な医療を提供する「特定機能病院」にも指定されているのは、県内ではこの医大と静岡県立静岡がんセンター（長泉町）のみだ。

一方で、地域医療の中核施設となっている大病院も多い。地域の診療所や中小病院からの紹介患者などを主に診療する「地域医療支援病院」に指定されている市内の病院は、聖隷浜松病院、聖隷三方原病院、浜松医療センター、浜松赤十字病院、浜松労災病院、ＪＡ静岡厚生連 遠州病院の６つだ。

そして、何といっても浜松の医療で優れているのは救急救命体制だろう。テレビでもよく紹介されるが、昨今話題となっている救急車のたらいまわし対策については、先進的なシステムを構築。急性心筋梗塞、脳卒中、頭部外傷などの高度救急医療を行う「救命救急センター」には、聖隷浜松病院、聖隷三方原病院、浜松医療センターが指定されている。

日本中が注目する救急医療「浜松方式」

これらの救急体制を支えるのが「浜松方式」と呼ばれるシステムだ。夜間や休日の一次救急は開業医が担当（中区伝馬町の浜松市医師会館には、朝まで開いている夜間救急室がある）。入院が必要な二次救急は、市内９カ所の総合病院が輪番で担当。さらに、重傷者は救命救急センターを持つ前述の３病院が受け入れる仕組みだ。

このシステムは最先端体制として日本各地から参考にされているが、驚くべきはこの仕組みができたのは１９７４年だという点。およそ40年前から導入されていたということは、浜松人として誇れることだし、医療関係者には感謝しなければならないだろう。

このシステムの要は、大病院で気軽にホイホイと受診しないようにすることだ。実はこれらの大病院は、もちろん浜松市では巨大だが、他地域の総合病院と比べて決して病床数が多いわけではない。役割を分担しているから何とかなっているが、集中してしまうとすぐにパンクする、諸刃の剣状態なのだ。

そもそも、特定機能病院は来院患者の紹介率が３割以上、地域医療支援病院は紹介率８割以上または、紹介率４割以上かつ逆紹介率６割以上であることが条件のひとつとなっている。さらに、初診時特定療養費という初診費用（病床数２００以上の病院が徴収可能）も加算されるのだ。

高度医療が受けられる「オープンシステム」

だが、深刻な病気や大ケガでは、どうしても設備の充実した大病院に頼りたい。それを解決するシステムも構築されているのが、浜松の医療が優れている点だ。

通常の診療は診療所や医院で初期診療を受け、専門的な検査や手術、入院が必要となった場合は高度な設備を有する病院で行う。浜松ではその際、単に紹介するだけでなく、診断や入退院の結果が紹介元へすみやかに報告されるようになっている。そして入院した場合は、大病院の専門医と紹介したかかりつけの医師が、共に治療に当たることになっている。産科などを中心に、かかりつけ医師が大病院の高度な設備を借りて、診療や手術、分娩を行うケースもある。この「オープンシステム」と呼ばれる方式は、1962年に浜松市医師会中央病院（現在の浜松医療センター）が導入。地域医療の模範となっているのだ。

そんないいところだらけに思える浜松の医療だが、実は問題点もある。最たる例が、場所が集中していること。総合病院はほとんどが旧浜松市の中心部に位置していて、北区や天竜区からはあまりにも遠い。さらに車社会の浜松では、運転ができない人の通院は異常に大変。命綱の公共交通機関である遠鉄バスは放射状の路線ばかりで、環状の路線がほとんどないため、わざわざ浜松駅を経由しなければならない。浜北の十全病院など、自前のバスを走らせている病院もあるが、地域（僻地）と病院を結ぶ交通の整備が、次なる大きな課題になるかもしれない。

※　※　※

現在でも浜松医科大学付属病院を中心に、病床数が400以上の大型総合病院の充実振りは、地方都市とは思えないほどすごい。浜松方式と呼ばれる救急医療システムも健在で、全国各地で頻繁に発生している「救急車のたらい回し」とは無縁の体制が整えられている。

厚生労働省が2012年に公表した「健康寿命（日常生活に制限のない期間の平均・2010年）」によれば、20大都市における浜松市民の健康寿命は、男性が72・98歳、女性が75・94歳で男女ともにトップ。その要因として、「気候が温暖で日照時間が長い」「お茶、野菜、ミカン、ウナギなど良質の食材を

浜松市内にある主な総合病院とその病床数

病院名	場所	病床数
総合病院 聖隷三方原病院	北区三方原町	934
総合病院 聖隷浜松病院	中区住吉	744
浜松医科大学医学部附属病院	東区半田山	613
県西部浜松医療センター	中区富塚町	606
JA 静岡厚生連 遠州病院	中区中央	400
国立病院機構 天竜病院	浜北区於呂	338
労働者健康福祉機構 浜松労災病院	東区将監町	312
浜松赤十字病院	浜北区小林	312
すずかけセントラル病院	南区田尻町	309
協立十全病院	浜北区平口	302
天竜すずかけ病院	天竜区二俣町二俣	220

※病床数が多い順に掲載。「日本病院会」ホームページほか、各種資料により作成（2013年6月末時点）

手に入れることができる環境」「高齢者の社会参加が活発」などが挙げられているが、充実した医療機関と市の健康への取り組み（健康増進計画「健康はままつ21」）が奏功しているといってもいい。

とはいえ、実際の浜松市民の健康診査の統計では、全体的に血糖値が高く、糖尿病予備軍も多いという。その要因は、浜松市では共働きも多く、家事の時間を節約するために既製品のお惣菜（塩分や糖分が基本的に多い）で済ませてしまう傾向があること。しかも早食いの傾向もあるそうだ（遠州人はせっかちだしねえ）。血糖値を上げないためには、そうした既製品を含め、食事をゆっくりと食べることが肝要だという。

浜松医療の核ともいえる浜松医科大学病院。重病や難病などに対応できる高度な医療を提供する「特定機能病院」に指定されている

浜松市コラム 5

浸食され続ける中田島砂丘

遠州灘に面し、天竜川の西側に位置する中田島砂丘は、鳥取砂丘などと並び、日本を代表する砂丘として知られている。

広さは南北に約600メートル、東西に約4キロメートルと、鳥取砂丘（南北2・4キロメートル、東西16キロメートル）ほど広大ではないものの、ゴールデンウィークの「浜松まつり」時などは、大勢の観光客で賑わいを見せる。大晦日から元日にかけては、初日の出スポットとなり、地元民、観光客らの数は相当なものになる。ちなみに、鳥取にいる「らくだ」はいないが、大切なアカウミガメの産卵地という役目を果たしている。

風紋と呼ばれる風が作り出す美しい砂模様も見られる風光明媚な中田島砂丘は、観光資源としてだけではなく、映画、ドラマ、ＣＭのロケ地としてもかなり有名だ。さらに、ＪＡＸＡ（宇宙航空研究開発機）が打ち上げた月探査衛星「か

ぐや」に搭載された探査機器のテストなども、ここ中田島砂丘で行われている。
そんな中田島砂丘は今、浜松市が推し進めてきた開発が及ぼす影響にさらされている。
まず、天竜川に建設されたダムによって、本来、川から流れ砂丘に堆積するはずの砂の量が減少。海の波によって侵食される海岸線の砂量とのバランスがくずれ、年平均で、5メートルほど海岸線が後退しているという。
これに対して市は、2006年、砂丘東側に自然に堆積した砂を侵食の激しい西側へ移す堆砂移動工事などの対応策をとったものの、本来の砂丘の姿は失われつつある。

また、この侵食は中田島砂丘に埋もれた「あるもの」の姿を世間にさらすこととなり、市は現在もその対応に半分目をつむっている。「あるもの」とは、浜松市民が暮らしの中で出した埋め立てゴミである。1972年~1980頃、旧浜松市は、一般家庭のゴミを中田島砂丘東側に埋め立て廃棄していた。その量、約1・3万トン！　当時の海岸線から約180メートル内陸に入った地点に、幅約350メートル、奥行き約250メートルに渡って家庭ゴミが埋め立てられたという。それが30年に及ぶ浸食で、海岸線が180メートルも後退。2003年、30年前に埋めたゴミが、海岸線に崖となって露出してしまう事態になった。市は、ゴミが中田島砂丘や周辺地域への汚染にはつながらないとして、特に手は打たない様子。いずれ、見ないふりもできなくなるとは思うのだけど……。

第6章
旧市がそのまま区割りに副都心を豪語する浜北

旧浜松の言いなりはゴメン！駅前再開発こそが浜北の意地

旧浜松市と対等合併という浜北の意識

２００５年の大合併によって、浜松市に併合した旧浜北市。それは、ヨソから見ると完全なる旧浜松市による編入合併だったが、合併調印にあたっては、次のような但し書きが付記されたという。

「編入合併であっても、合併後のまちづくりについては対等な精神を持って挑み……云々」

つまり、決して吸収合併ではないということだ。この精神が、現在の浜北区開発の根本にある。

遠州鉄道沿線の街・浜北は、旧浜松市エリアが浜松駅前を中心に急ピッチで開発される中、合併前から独自に再開発を進めてきた。そして、浜松駅から同心円状に自然が増え、農地が目立つようになる浜松にあって、浜北は、合併後は浜松の北部を担う一大タウン（区）として、現在に至るまで猛烈な再開発を続けている。

ただし、古くから浜北に暮らす住民の中には、旧浜松に追い付け追い越せの駅前開発に、一抹の寂しさを感じている人々がいることもまた事実である。

かつて、浜北駅前には活気溢れる商店街があった。1974年からは、駅前から二俣（秋葉）街道にかけてを歩行者天国にして開催された「浜北まつり」で大いに賑わったという。しかし、1991年「遠州はまきた飛竜まつり」と祭りの名称が変更され、開催場所も天竜川運動公園となった。さらに1998年には天竜川中瀬緑地に開催場所が移り、現在はそこで凧揚げや花火大会、物産展などが開かれている。この祭りの開催場所の変更によって、浜北駅前の賑わいは消え失せたのである。

「浜名高校が今の（浜松市浜北）文化センターのところにあった時代（1962年に現在地へ移転）は、高校生がいるだけで駅前の活気は違いましたよ。今はご覧の通りの駅前で、（飲食店の）組合員数も昔の半分ほど、35になっちゃいまいしたよ」と、駅前で飲食店を営む店主が、寂しげに語ってくれたのが印象深い。

人口が増えてるのになぜか駅前は元気なし

浜北の人口は、2007年には9万人を突破するなど、ここ20年、ほぼ毎年増え続けている。その中で、浜北駅周辺が大きく変貌したのは2001年。市街地再開発事業の一環で計画された、駅前のランドマーク「なゆた・浜北」が完成したのだ。

なゆた・浜北は、商業施設、公共施設、住宅まで入っている総合複合ビル。ショッピングセンターや生涯学習教室、図書館などもばっちり完備、さらにはバリアフリー施設も整った駅前施設は、発展し続ける街・浜北を象徴するハコものとして竣工した。

今や浜北の顔となったなゆた・浜北だが、駅を降りると、人口増とは思えない閑散とした様子に驚く。いってみれば、浜松駅前同様、駅市街地の空洞化であろう。商店主の溜め息が聞こえてくる。

なゆた・浜北にある市民サービスセンターでは、時間外証明書発行などの区役所業務も行っているが、２０１１年の浜北区協議会では、その利用者の少なさをどうすべきかが議題になった。加えて、「なゆた・浜北の公共施設利用者が少ない」と、そもそも論的な問題も提起されている。いってしまえば、ちょっと施設が大きすぎたんじゃないの？　そんな感じか。

だいたい、駅を挟んだ向う側を5分ほど歩けば、浜北区役所があるわけで、いかにもご近所。ひょっとして、駅西方に開発を続けるニュータウンを意識して、彼らに少しでも近いところに区役所機能を、という行政の思いやりもあったりして。うがちすぎか？

浜松市の副都心を目指す開発事業

区役所のサイトには、街の開発理念として「浜北区は（浜松）市のほぼ中央に位置し、市内各地域との連携が容易な地域…（中略）…市の中心部とは遠州鉄道で結ばれ、都心を補完する副都心として整備が期待されます」とある。浜松の市街地を都心、わが浜北を副都心と位置付ける開発計画だ。浜松に編入してあげたけど、吸収合併ではないという、浜北の意地が明文化されている。

駅前から少し歩くと二俣街道に出る。現在、この道路は新原東原北交差点で飛竜大橋北までのバイパス（国道152号線）とつながっている。バイパスは、浜北区西部の新興住宅方面へと延び、そこで暮らす新住民の重要な道になるとともに、道中に、新たな商業施設を生んでいる。しかし、新住民と駅前住民には温度差があるようで「ニュータウンにはずいぶん人がきたけど、こっち（浜北駅前）方面とは別。浜北に人がたくさん住んでくれるのはいいことですが、駅前の元気が……」と前出のご主人。やはり寂しげだった。

※　※　※

２０１６年12月時点で、浜北の人口は約9万８０００人。ついに10万人突破は目前となった。浜北の住宅地としての人気は浜松市内でも出色で、きらりタウン浜北の染地台、近年宅地化が著しい西美薗、新東名の浜北ＩＣに近い中瀬など人気宅地トップ３には、20～30代のファミリー層がどんどん流入しているそうだ。しかも現地で聞いたところによると、新住民は浜松の中心市街地からやってくるというより、お隣の愛知県の豊橋からなど、けっこうバラバラ。つまり、浜松以外からも多くの人を流入させている浜北のニュータウンは、浜松市の人口減少抑制に大きく寄与しているといえそうだ。

また、以前は駅前に元気がないと嘆く声も聞かれたが、２０１６年10月に浜北区役所が、浜北駅前の複合施設「なゆた・浜北」に移転した。浜北駅前地区は再開発地域に指定されており、区役所の移転を機に人の流れが生まれ、さらに魅力あるショップや飲食店が集積してくれれば、駅前に活気が戻る可能性は十二分にある。

鉄道2路線に加えて新東名交通の便で群を抜く浜北区

交通インフラ整備が企業誘致を後押し

遠州鉄道と天竜浜名湖鉄道（天浜線）の鉄道2路線が走る浜北区は、駅前だのニュータウンだのが開発される以前から、そもそも交通至便の街だった。国道152号線（秋葉街道、二俣街道、飛龍街道）という動脈もあり、駅前商店街があった頃は、今より活気のある街だったことは前述の通り。

もちろん、現在の浜北に元気がないわけではない。ただ、駅前住民とニュータウン住民、進出企業の思いがどこかバラバラ。浜松北部の副都心としては、どうも一体感が感じられないところが、むしろ開発にひた走る今の浜北区らしさなのか。浜松との合併後、かつての市のエリアをそっくりそのまま区に引き継げたのは浜北だけ。他地域は浜松と合併して豊かになりたいという思惑があったのに対し、浜北は「浜松と合併してやった」という強気の結婚。そうした強い姿勢が呼び込んだのかどうかは定かではないが、２０１２年に開通した新東名高速道路（御殿場ＪＣＴ～三ヶ日ＪＣＴ）が、浜北の開発に与えた影響は大きい。

新東名高速ができたことにより、浜北は交通インフラに関して、浜松きっての超便利地域に発展。もともと、東名高速の浜松ＩＣ、浜松西ＩＣに近い立地だったが、新東名ができたことで、浜松浜北ＩＣ、さらに浜松スマートＩＣと合計で４つものインターチェンジに取り囲まれることになったのだ。余談だが、スマートＩＣとは、サービスエリアやパーキングエリアなどに設置されたＥＴＣ専用のＩＣで、一応は先端的なＩＣである（使い勝手にいろいろ問題はあるが）。

さて、これほど交通至便な浜北は、浜松浜北ＩＣに直結する国道１５２号線周辺で新興住宅地（きらりタウン浜北）開発や、大規模な企業誘致を展開。きらりタウン浜北の北部一帯は工業用地だが、天下のスズキグループを支える「浜町鋼板加工」の工場など多くの企業が入っている。企業からすれば、この立地は確かに魅力的だ。物流面にしても、従業員の住環境にしても、これほど利便性に富んだ地域はなかなか見つからないのではないだろうか。

マイカー至上主義が新たな交通問題を生む

一方、鉄道路線は具体的にどうなっているかといえば、遠州鉄道と天浜線は西鹿島駅で接続し、地域住民の大切な足となっている。

が、鉄道の現状は厳しい。遠州鉄道の年間乗降者人数は911万人（2010年）で、1993年の977万人から増減を繰り返しつつも確実に減少中。天浜線は同155万人（2010年）と、かねてより少ない利用客の減少に歯止めがかからない。

浜北の人口は、今の時代にあって貴重な右肩上がり。なのになぜ、鉄道利用者は減っているのか？　それはズバリ、浜北の開発・発展の基本が、マイカー重視の交通インフラ整備にあったからだ。事実、交通の利便性を高めて、住民や企業を呼び込もうという作戦は、非常にうまく運んでいる。半面で、これが、入ってこられた駅前などの先住民と、入ってきたニュータウンの新住民や進出企業とにある、大きな生活観の違いを生んでいるのだろう。

車がなくては、せっかくできた大型ショッピングモールへも行けない。仮に、目的地の最寄り駅で電車を降りても、そこからの移動が大変。とりわけ、単独世帯で住んでいる高齢者らにとって、1986年に市営バスが撤退したのは痛恨だった。今は、浜松バスに委託された浜北区の自主運行バス、浜北コミュニティバスが運行しているが、本数が少ない。しかも、路線は曜日によって異なり、こぢんまりとしたマイクロバス仕様。浜北駅前で、何だかこっそり、忘れた頃に停車しているバスの小さな姿は哀愁たっぷりである。

まずは、副都心という沽券にかけて、住民と企業誘致に躍起になったのは分かる。しかしそろそろ、行政は、こうした本当の住民問題に目を向けるときでは？

浜北区では２０１２年４月の新東名の開通に合わせた「浜北天竜バイパス」が同年3月に全面開通、現在は東名と新東名、国道1号を結ぶ「浜北馬郡線」の工事も進行中だ（すでに工事開始から14年以上経つにもかかわらず進捗状況は芳しくない）。他にも２０１６年の区政運営方針に盛り込まれている宮口バイパス、寺島道路、市道浜北道本八幡線道路の整備事業も始まっている。

※　※　※

こうしたマイカー重視のインフラ事業を進める一方、２０１６年秋から区の中心駅である浜北駅を中心としたまちづくりも動き出した。駅のバリアフリー化を皮切りに、区役所の駅前移転、浜北駅を起点に通勤バスを整備する計画もあり、公共交通機関への転換を図る模様。高齢化の進行及び企業移転による交通渋滞の悪化から、浜北区では公共交通ネットワークの整備が喫緊の課題になっているようだ。マイカーと公共交通、正反対の命題を突き付けられた浜北区のまちづくりの舵取りは今、岐路に立たされているといってもいい。

地域の足として機能する天竜浜名湖鉄道（天浜線）だが、、利用者減の大問題を抱える

浜北の動脈であり、年間利用者数911万人（2010年）と踏ん張る遠州鉄道（西鹿島線）

ショッピングモール続々！浜北駅前は完全に空洞化!?

郊外型大型店舗に表れる浜北の開発

複合ビルなゆた・浜北という大きなハコものの完成によって開発に拍車がかかったにもかかわらず、商店街が消えてしまったことで、むしろ活気が失せてしまった浜北駅界隈。対して、交通インフラというハード面の充実によって、かつては〝田舎〟そのものだった浜北郊外に人々が流入。そんな、まさに駅前空洞化、ドーナツ化現象に陥っている浜北を象徴するのが、次々と完成した郊外型大型ショッピングモールだ。

まずは、「プレ葉ウォーク浜北」。駅から二俣街道を越え、歩くこと約10分。プレ葉ウォークの公式サイトには駅前から500メートルとあるが、もう少しありそうだ。浜北駅からは十分に徒歩圏内だが、実際に歩いてみると遠い。歩道整備もイマイチだし、やっぱりここは車社会と痛感する。だいたい、３０００台も収容できる大駐車場もあるわけで。

ちなみに、「プレ」は「プレジャー（喜び）」、「葉」は楽器の町、浜松のイメージと重なる「ハーモニー」からとった造語とか。えっ何それ？である。

名称の由来はさておき、２００８年に営業開始したプレ葉ウォークは、家電量販店のケーズデンキをはじめ、１６５ものテナントが入り、浜北駅から少し歩くとはいえ、駅前周辺〜区役所界隈の住民たちにとっても日常的に利用できるショッピングモールだ。駅前空洞化の近因となるギリギリのラインに立地している、そんなイメージがしっくりくる。

デートも買い物も浜北で済んじゃう！

そして、浜北を代表するもうひとつの大型ショッピングモールが、「サンストリート浜北」だ。

国道152号線と県道391号線が交差する、平口新田交差点付近にドーン！　と立つサンストリート浜北は、2007年の開業。テナントは、スーパーの西友ほか、31店舗が入っている。

場所が場所だけに、浜北駅からも、ニュータウン（きらりタウン浜北）周辺からも歩いていくには遠い。浜北駅前からは浜北中南部循環バスが出ているが、1日に5本ほど。しかも1～2時間おきに1本といった具合。完全にマイカーありきの営業スタイルだ。でもって、サンストリート浜北には、しっかりとガソリンスタンドが併設されている。「車でお越しください」というわけだ。

ここは日々、周辺に住む主婦たちの買い出しを助けてくれるのはもちろんのこと、週末や休日は、ご家族ご一行様にてお買い物、それがこのあたりの新定番だとか。

加えてここには、シネコン（TOHOシネマズ）も入っており、主婦や高年齢層ばかりでなく、周辺に住む若者も呼び込むことに成功。いうまでもなく、近くて便利、車で楽々映画鑑賞という新デートスポットにもなっている。

さらに、ここからそう遠くはない、きらりタウン浜北には、ホームセンター「ジャンボエンチョー」がある。だもの、浜北駅周辺～ニュータウン付近に住むご婦人たちが、わざわざ浜松駅周辺市街地へ足を伸ばすことは滅多にない。実際、「お使いものは遠鉄デパートにも行くけど、それ以外はこっちで足りちゃう。買い物っていう意味では、浜松にはあまり行かないわ」と、主婦数名が異口同音に答えてくれた。

ちなみに、ジャンボエンチョーを経営するエンチョーは、静岡に系列店を20店舗以上展開する（一部は愛知県）、ジャスダック上場の静岡きっての元気企業。このあたりにも、浜北開発のイケイケ魂を感じることができる。

郊外型大型店舗に表れる浜北の開発

こうなると、商店街の消えた駅前付近の寂しさが強調されてしまうわけだが、もちろん、なゆた・浜北を中心とする駅前周辺が完全にさびれたわけではない。開発規模で見てしまうと、明らかに惨敗なのだが、区役所があるということは、浜北区の行政の中心は駅周辺なのだ。ドーナツ化で見るならば、空洞部分こそが浜北の本当の中心だ。

日常の買い物は、区役所にほど近い場所にあるマックスバリュでこと足りる。巨大モールには店舗規模では負けるけど、マックスバリュといえば北海道から沖縄まで店舗展開する、国内最大級のイオングループのスーパーマーケットだ。

一見すると、浜北は駅前空洞化の開発を推し進めているように思えるが、区役所を中心とした駅前行政地帯、そして新興住宅&企業誘致の郊外と、それぞれの地域の役割がしっかりと分担された、それはそれでまとまりのある地方都市なのかもしれない。完全なるマイカー社会ではあるけれど。

※　※　※

前項から続きになってしまうが、浜北区では浜北駅周辺のまちづくり事業が動き出している。

遠州鉄道は年間乗降客数が2010年に約911万人と減少したが、2013年には約938万人に増加し、2014年には約965万人とさらに上昇傾向にある。その中で浜北駅は、新浜松駅に次いで年間100万人を超える乗降客数の駅であり、1日平均の乗降客数も約3300人。浜北駅からは徒歩10分圏内に大型ショッピングモール「プレ葉ウォーク浜北」があり、駅周辺にはスーパーもマンションも集積し、市が標榜している「副都心」として、非常にポテンシャルの高い地域でもある。

ただ現状をいうと、駅前に関しては、区役所の入る「なゆた・浜北」の改修や、宅地造成とマンション建設で人口増加を図りつつ、人の流れを作っている最中といった感じ。なゆた・浜北広場で、「浜北副都心にぎわいおもてなしフェスタ」といったイベントも行われ、地域の商店や街おこし団体が出店するなど、浜北駅前の活性化が図られているものの、正直なところ、まちづくりはまだまだこれからである。ただ、駅前がキレイに整備されたことに加え、商圏としてみた浜北は人口が増加している上に、商売のターゲットが20代〜30代のファミリー層（新住民）とハッキリしていることを考えれば、今後、駅周辺に魅力ある個人商店や飲食店が、どんどん出店してくるのでは？　その時、旧商店と新商店が手を取り合えるかどうかが、浜北駅前活性化のポイントになるのでないだろうか。

浜松で一番の戸建て開発！キラリと光るニュータウン

流入民人口が集中する染地台のニュータウン

交通インフラの整備、企業誘致、宅地開発によって発展を続けてきた浜北。2007年には人口が9万人を超え、今や約9万5000人の人々が暮らす浜松副都心となった。だが、今でこそ大きなショッピングモールが建ち、太いバイパスが走る浜北も、その昔はのどかな自然に囲まれた農村地帯だった。駅前商店街から出て街道を越えれば、まだ住宅地などなかった時代があった。

それが大きく変貌を遂げたのが、1960年代に始まった浜名ニュータウンの開発である。今では単に「内野台」と呼ばれるこの一帯は、高台と周囲の傾斜地からなる起伏に富んだ土地だが、そうした土地が宅地造成され、ニュータウンが造られたのである。

現在の人口は、４１２１人。１５９４世帯が暮らしている（２０１７年１月１日現在）。これを２００５年までさかのぼると、人口４３６２人、１５０２世帯となる。人口はやや減ったが、世帯数はやや増。ほぼ横ばいと見ていいだろう。ただし、内野台は開発が古いことから、住民の高齢化が問題になっており、今後も人口は減少する可能性が高い。

長らく浜名ニュータウンと呼ばれた内野台だが、２００１年、隣接する染地台の開発工事がスタート。事業計画によれば、工事は２０１７年まで続き、総事業費は２５９億円に上るという。

この染地台ニュータウンこそが、きらりタウン浜北と呼ばれる新興住宅街であり、現在の浜北開発の原動力となっている。

２００５年、初期流入民は59世帯、１７８人。それが２０１７年１月１日には、２３０１世帯、人口７０８８人と世帯数は39倍増！　しかも、開発はまだまだ続行中。いうまでもなく、浜北の人口増加の震源地はココだ。

悩みを抱えつつも暮らしやすい新興の街

これだけ人が増えれば、サンストリート浜北やジャンボエンチョーなどの巨大ショッピングセンターも需要に欠くことはない。

さらに、浜北で多くの人がお世話になる協立十全病院（総合病院）は、県道391号線沿い、平口新田交差点にほど近い場所（サンストリート浜北のはす向かい）に引越ししてきて、2014年4月に開院した。

このように、きらりタウン浜北は周辺開発を誘導する、浜北はもちろん、浜松市随一の元気なニュータウンなのだ。

ところが一方で、ニュータウン住民には悩みもある。小さな子どもを持つ若い世帯が多いために起こった、手狭な学校問題だ。

現在、染地台五〜六丁目の子どもたちは、従来通りに浜名小学校に通う。ところが、一〜四丁目の子どもは、内野小学校に通っている。ご近所さんなのに通う小学校が違うわけだ。

内野小学校の児童数は約1000人と、5年前のおよそ倍。児童数の増加にともない、音楽室などの専用教室を普通教室に改築するなどして対応してきたが、２０１２年には仮設校舎が完成。予算も限られる中、行政は、どうにかこうにかの対応をしている。

また、子どもたちにとっては、きらりタウンから内野小学校までがけっこう遠い。さらに、内野台にしろ染地台にしろ、起伏が多い土地というおまけ付き。きらりタウン内に小学校を作るというウワサも聞くが、実際にどうなっているのかは外部には伝わってこない。ハコモノ造りは単純ではなく、行政の判断は非常に難しい。

また、染地台を路線バスも走ってはいるが、いかにも貧弱。新住民はマイカー生活を覚悟して引っ越してきているとはいえ、交通インフラが最大の弱点であろう。

まあでも、スーパーはあるし、車でちょっといけばシネコンがあり総合病院もある……と、きらりタウン生活は、文字どおり、キラリと光り輝いている。しかも、すぐ北側の工業用地にはスズキ関連会社が、まるでニュータウンを護るかのように立つ。

※　※　※

2016年9月に現地に赴いて取材したところ、旧住民の方々から新住民への大きな不満はとくに聞かれなかった。ある初老の旧住民の方は、「最近は若者や子供が多くなって騒々しいけど嫌な感じはない。交流は少ないがみんな礼儀正しいし、昔はこのあたりも悪い奴らが多かったから、ずいぶん平和になったもんだよ」と笑いながら仰っていた。新住民にしても、「浜松の市街地よりも浜北に来てよかったという人は多い。環境はいいし、のんびりしていて浜松よりも他人への干渉が少ない」と納得顔だ。さらに大人気のきらりタウンに関しては「あそこの住民は多少なりとも優越感を持っていますよ」とのこと。美しい街並みに加えて、大きなスーパーやお洒落なパン屋も完備したきらりタウンの人気は高く、もはやステイタス化している状況。しかもきらりタウンは住民の増加で、浜名中学校が生徒数増加によって普通教室が不足することが予測されており、国道152号線沿いに校舎を移転新築するという（2018年4月開校予定）。

浜北区の人口推移

年度	総人口数	年度	総人口数
1997年	84,408	2007年	90,757
1998年	84,484	2008年	91,763
1999年	85,009	2009年	92,514
2000年	84,905	2010年	93,062
2001年	85,306	2011年	93,968
2002年	85,744	2012年	94,773
2003年	86,102	2013年	95,757
2004年	86,462	2014年	96,430
2005年	86,838	2015年	97,212
2006年	89,339	2016年	98,104

※各年10月1日の人口を掲載。なお、2004年以前は浜北市の人口を掲載

浜北のニュータウンの中で、もっとも人気が高い宅地であるきらりタウン。景観もかなり重要視され、建築条件付き物件が多数

浜松市コラム ❻

ニュータウンに出現した古墳群

土地を造成中に遺跡や古墳が発見される話はよく聞くが、浜北にもそうやって見つかった古墳がある。しかも、住宅地として開発した土地のあちこちから、多数の遺構が発掘されているのだ。

場所は内野台。きらりタウン浜北より以前に宅地造成された、浜北の住宅地である。その造成の際、次々と古墳が発見され、当然その場所は調査・保存のために開発がストップ。今では閑静な住宅街に「うちの古墳めぐりコース」が設けられ、古墳マニアの散策スポットとなっている。

浜北区南西部の内野台は、かつては浜名ニュータウンと呼ばれたベッドタウン。三方原台地の東端に位置するこのベッドタウンからは、実に100基近い古墳が発見されてきたという。それらは、内野古墳群と呼ばれている。うちの古墳めぐりコースは、それら内野古墳群の中でも、古墳の原型をとどめている

ものをセレクトして見て回ることができるようになっている。

最北に位置する二本ヶ谷積石塚群は、5世紀後半〜6世紀前半の古墳だ。石で墳丘を作る積石塚というのが特徴で、渡来人の墓ではないかと考えられている。

そこから少し南には、稲荷山古墳、山の神古墳と呼ばれる2つの円墳がある。浜松市指定史跡でもある稲荷山古墳は、4世紀末〜5世紀半ばに作られたとされる、直径36・8メートル、高さ4・2メートルという浜松市内で第三位の円墳だ。もうひとつの山の神古墳は、直径15・8メートルと少し小ぶりな円墳で、6世紀初頭のものと考えられている。須恵器がたくさん出土しており、さらに石材らしきものも発見されたことから、横穴式石室がある可能性もあるという。

うちの古墳めぐりコース最後のひとつは、静岡県指定史跡の赤門上古墳（写真）だ。４世紀後半の前方後円墳で、全長は56・３メートルとなかなかのサイズ。三角縁神獣鏡など、いずれも静岡県の有形文化財に指定された副葬品が出土しており、天竜川西岸を支配していた豪族の墓ではないかと考えられている。

内野台は起伏の激しい土地だが、これら古墳の周囲には緑が多く残されており、古墳散策は実に気持ちがいい。ただし、案内板の見づらさは何とかならないものか。辻々には古墳の方向、距離など古墳めぐりの案内板があるにはあるが、正直いって分かりにくい。マニア相手だし……と思わず、観光客への配慮がもっとあっていいと思う。

第７章
ままならない森林開発と第一次産業の実態

うなぎの養殖が牽引するもアサリ不漁で浜松の漁業は？

浜名湖の養殖ものは全国的なブランド商品

浜松の漁業といえば、何をおいても、浜名湖付近でのうなぎ養殖だ。浜松漁業の代名詞的な存在であり、公表されている直近値、2006年の漁獲高は563トン。これは、鹿児島、愛知（一色町）、宮崎に次いで全国4位にとどまるものの、浜名湖うなぎは、他の名産地をブランド力でリードしている。同じ静岡県には、三島うなぎという名物うなぎもあるが、こちらは他から取り寄せたうなぎを富士山から浸み出た天然水で育てたもの。養殖ではない。

同じ静岡県には沼津、焼津、御前崎のような大きな漁港があることもあって、浜松の遠州灘沿いの漁港は舞阪漁港ひとつだけ。しかしその一方で、前出のうなぎのほか、すっぽん、そしてハモの養殖業に関しては全国トップレベルの出荷数を誇るなど実に盛んだ。

すっぽんの養殖は、現在、国内の70パーセント近いシェアを誇り、京都の祇園祭などで供される料理の多くが浜松産である。浜名湖の養殖技術おそるべし、である。

天然もので観光客を呼べばいいのに……

浜名湖だけでなく遠州灘も含んだ年間の漁獲高を見ると、浜松は静岡県内で6番目（2011年）。うなぎやすっぽんなどの養殖業が引っ張り、市の南域が遠州灘に面している割には意外な印象だ。漁獲高で県内首位の焼津は8万4742トン、次いで、沼津が6万1874トンと、ひと際大きな全国有数の漁港が上位を独占。次いで、御前崎が8688トン、静岡7354トン、伊東7017トン、そして浜松が6253トンと続く。市内に大漁港がないこともあり、遠州灘での海面漁業はこのくらいなのだ。

そんな中、2010年のシラスの漁獲高は2789トンと、県内はもちろん全国でもトップレベルにある。シーズンともなれば、市民（とりわけ沿岸部）の食卓にも「またか」という思いとともにのることが少なくない。が、浜松駅近くで人気の居酒屋で出されるシラスは、残念ながら御前崎で揚がったものだったりするから驚く。「主にシラス干しにして外へ出しているんだ」いわれたらそれまでだが、何だかもったいない。「観光」を考えるなら、神奈川の江ノ島あたりを参考に、「地元舞坂、獲れたての生シラス！」と大きく謳ったらいいと思うのだが、なぜやらない⁉

また、同じく2010年にトラフグが39トン水揚げされている。フグ料理といえば下関が有名だが、近年は潮の流れに変化が見られ、下関での水揚げが減少しているという。そして、舞阪で上がったフグの多くが下関に送られているというから不思議な話だ。これだって、舞阪の天然トラフグと看板を出せば、うなぎに続く2枚看板となる可能性があるというのに……。何とも浜松人は観光商売がイマイチうまくない。

養殖の強化が活性化のカギを握る

浜松のもうひとつの漁港、村櫛は、浜名湖に面した小さな漁港だ。ここは、浜松のアサリ漁の拠点になっている。アサリは浜名湖漁の漁獲高の多くを占め、2012年は2432トン。が、この数字、過去10年間の平均4002トンを大きく下回り、2011年から半減。加えて、2013年の潮干狩りは、不漁のために中止に。県内外から1シーズン5万人という観光資源であり、戦前から続く春夏の浜名湖の風物詩が、戦後初めて中止となった。市は、村櫛のアサリ漁場回復、拡大事業に着手しているが、結果が出るのはもう少し先になりそうだ。

遠浅の遠州灘は、そもそも大きな港がつくりにくいといわれている。そういう地勢にある浜松にとって、漁業の未来を担っているのは浜名湖の養殖といえそうだ。技術の街・浜松らしい、さらなる養殖技術の進化をもって、うなぎ、すっぽん、ハモ、そしてアサリ漁の強化。これに天然の生シラスやトラフグのブランド化を絡めれば、漁業は活気づくと思うのだが……。

ウナギのイメージが強い浜松市。本格的なウナギの養殖は浜名湖で始まったといわれるが、生産量（2015年）は現在も全国4位にとどまっている。一方で、浜名湖畔で天然に近い状態で育てる露地養殖のスッポンの全国シェアは今もダントツの1位を維持。その他、浜松の水産物（浜名湖・遠州灘）としては、ノリ、クルマエビ、シラス、ドウマンガニ（ノコギリガザミ）、カツオ、ハモ、トラフグなどがあるが、筆者が注目したいのは「カキ」である。

※　※　※

前回の本編ではまったく触れなかったが、淡水と海水が混じる汽水湖はプランクトンなど栄養が豊富で、カキの生育には最高の条件。浜名湖でのカキ養殖は、1887年の東海道建設工事の頃から始まったとされる。浜名湖内で場所を移し替えつつ、1年半程度かけて育てられるカキは身がぷっくりと大ぶり。「日本一のカキ」と評する人もいて、他のカキとは比べ物にならないほど味が濃厚。漁獲量は少ないが、それだけに「レアな逸品」として大々的にPRすれば、観光客が少なくなる冬期（カキの旬は11月～3月）のいいウリになると思うのだが。

浜名湖の名産のひとつであるアサリだが、2016年は不漁もあって、初夏の風物詩である潮干狩りが中止になってしまった

みかんやイモは北区でも幅広い農業は西区が一番!?

平成の大合併により農業を獲得した浜松

工業の街・浜松は、それまで得意ではかった第一次産業分野を、2005年の大合併で手に入れた。北区に西区、それと天竜区、いわゆる農業地帯を獲得した。

今では農業は、工業や伝統的な漁業と並んで、浜松の経済活動になくてはならない重要な産業になっている。

農業従事者、農業産出額は年々減少しているが、それでも2006年の540億円は田原市(愛知県)、都城市(宮崎県)、新潟市(新潟)に次いで全国4位。作物によっては、出荷額が全国1位というものもある。

浜松の農作物出荷額でみると、みかんが１５３億円（２００６年）と他を圧倒。農作物全体の３割近くをみかんが占めていることになる。中でも、三ヶ日みかんは全国区のブランドで、浜松農業を牽引していることは、ここまでに書いた通り。みかん狩り＆食べ放題を提供する農園もあり、こうした観光農園は10月～12月上旬がかき入れ時だ。

市場の隙間を狙う三方原馬鈴薯

一般にはあまり認識されていない作物でも、出荷量で突出しているものもある。たとえば菊は、静岡県内に出荷される菊の80パーセントが浜松産である。西区の庄内、伊佐見、和地といった「はままつフラワーパーク」周辺で多くが栽培されている。

部門別の農産物産出額（２００６年）を見ると、みかんに次ぐのは、野菜の23・４パーセント。実のところ浜松は、県内一の米産出量を誇っているが、産出額の割合はわずか５・１パーセント。ほかの農作物栽培が、いかに盛んであるかが分かるだろう。

野菜について、くわしい内訳を見ると、何とチンゲンサイとセロリ出荷額が全国1位！　チンゲンサイの出荷額は13億5000万円にも及び、セロリも10億4000万円だという（2006年）。これらは西区、浜名湖東岸で多くが栽培されている。

また、ジャガイモは浜松が静岡県内では一番の産出地域。とくに、北区の三方原で栽培される男爵イモは、「三方原馬鈴薯」のブランド名で、例年5月下旬くらいから市場へ出荷されている。

男爵イモは、圧倒的な産出量を誇る北海道産の貯蔵物が終わる春頃から、新物が出てくる8月までは、静岡県産などの出番。中でも、春から初夏にかけての男爵イモの出回り量が少ないため、やや高額となるが、そこで登場するのが三方原馬鈴薯なのだ。高額ゆえ農家にとっても大切なブランド商品。今では、休耕地を活用し、作付面積も増えているという。

農業大国浜松の野菜はどこで消費される？

浜松全域でさまざまな農産物が栽培・収穫されているが、中でも農業が盛んなのは北区と西区だ。北区は、いうまでもなくみかんの大産地で、ほかにも三方原台地では、前出の馬鈴薯、大根などが作られている。西区では、前出のチンゲンサイやセロリのほか、玉ネギなども栽培されており、フラワーパーク付近では、菊以外にもガーベラの栽培も盛んだ。さらに、規模は小さいがトマト栽培も行われている。何につけてもみかんがクローズアップされる北区に比べ、西区はさまざまな農産物を生産している農業区、といえるだろう。

では、これらの農産物はいったいどこで消費されているのだろうか？　全国４位の出荷額だというのに、東京あたりのスーパーでは、あまり見当たらないのも事実である。

「浜松市農業振興基本計画」によれば、市内の生産者から農協（ＪＡ）に出荷され、農協からはほとんどが中京、京浜など県外に出荷されているとある。ただ、名古屋在住の30代主婦など「えっ浜松産？　キャベツをたまに見るかな」と不思議顔。何でも、東京の市場関係者（40代男性）によれば「浜松野菜は、いわゆる普通のスーパーではなくて業務用スーパーでの取り扱いが一般的。京浜地域だと、横浜の市場での取り扱いが多いと思う。チンゲンサイとか中国野菜の栽培が盛んで、中華料理店などで多く使われている気がする」とのこと。

よく分からないうちに食べている、それが浜松野菜というわけか。何だか漁業同様、これまたもったいない話。東西大都市圏の中間という地の利があるんだから、みかんや馬鈴薯以外もブランド力強化に努めてはどうか。「遠州野菜」などと名乗ってみては？

※　※　※

工業の街・浜松は同時に農業の街としての顔も持っている。本編にあるように全国の市町村における農業産出額（２００５年）ランキングでは第4位。さらに農家人口では新潟県新潟市に次いで第2位、総農家戸数に至っては第１位である。とはいえ、総農家戸数は１９７３年の２万７０１１戸と比べて、２００５年は1万４９３２戸に半減。必然的に農家人口も13万７２６７人から６万１５４０人に半減している。また２０１５年の農林業センサスによれば、総農家数は１万１９５４戸。10年でさらに約20パーセントも減少してしまった。他の地方と同様、浜松でも農業人口の激減は深刻な問題となっているのだ。

農家減少の要因は後継者不足にある。浜松市の農業就業人口を年齢階層別に見ると、75歳以上が全体の約35パーセントを占め、60歳以上で約76パーセントにもなる。生産年齢人口（15歳以上65歳未満）にあたる層の割合は約36パーセント。このうち15〜29歳はわずか約２パーセント、30〜39歳は約３パーセントでしかない。後継者となるべき若者の農業離れは数字に顕著に表れている。

若者の農業離れの要因は、農業が３Ｋ（きつい、汚い、臭い）仕事であることに加え、儲からないというイメージのせいだといわれる。が、今の若者は農業そのものがまったくわかっていないから、そもそも就業先として選択肢に入っていないという声もある。ただ、なんとなく農業をやりたいと思っている若者は全国に大勢いる。そうした若者に向け、たとえば北区の農家が設立した「株式会社ゆめ市」では、地元野菜の直販の他、若者を受け入れて農家研修などを行い、新規就農者として定着できるような活動を行っている。こうした若者と農業のマッチング事業は、市を挙げて進めていってほしいものだ。

浜松市の農業産出額の推移

年度	農業産出額（千万円）
1997 年	6100
1998 年	6708
1999 年	6080
2000 年	5981
2001 年	5367
2002 年	5477
2003 年	5327
2004 年	5436
2005 年	5241
2006 年	5405

※ 2007 年以降は未発表。浜松市の公表データより作成

浜松市の農業産出額の内訳（2006 年）

順位	農作物	産出額（千万円）
1	みかん	1533
2	米	273
3	菊	237
4	肉用牛	172
5	メロン	161
6	茶（生葉）	142
7	生乳	141
8	鶏卵	136
9	チンゲンサイ	135
10	かんしょ	127
—	その他	2348
計	総額	5405

※浜松市の公表データより作成

森林だらけの天竜の宿願
消えた再開発事業の行方

阿蔵山に450区画　宿願の宅地開発に着手

2005年の大合併で、旧天竜市と春野町、佐久間町、龍山村、水窪町の5市町村をひとつの行政区として誕生した天竜区。浜松最北部に位置し、面積は944平方キロメートルという浜松最大区で、その約90パーセントが森林という大森林地帯だ。

この森林は日本三大美林のひとつに数えられ、林業の大切な資源ばかりか、その美しさを呼び水に、ささやかながら観光資源にもなっている。

そんな天竜区の人口は3万3576人（2013年1月1日）。1平キロメートルあたりの人口密度は……約34人。いうまでもなく、超がつくド田舎だ。

天竜浜名湖鉄道天竜二俣駅のある二俣地域には、市営天神団地なる団地こそあるが、区内はもうほとんどが森林。セカンドライフは緑多き場所で、な〜んて呑気をいっている都会人など、きっと生活はままなるまい。自然の厳しさを痛烈に感じてしまうはずだ。

実際、この地で生活する人々にとって自然との共存は大きなテーマである。道路や鉄道などの交通インフラのほか、ライフラインを向上させた「浜松市街地と同じような暮らし」を欲している。

1982年、住民たちの悲願が叶おうとした。まだ天竜市だったその当時、市が「阿蔵山土地開発事業」と題して、阿蔵山に団地（阿蔵団地）を造る大規模な事業計画をぶち上げたのだ。

総事業費は39億5千万円。文字通り、山を切り開く造成地の総面積は約34ヘクタール、450区画という長大さ。人口増加を狙った天竜市の事業は、1987年、土地開発公社の手によって実際の工事をスタートさせる。

ところが、だ。2006年度までに、約25億円の巨費を投じた事業が凍結となる。事業開始後にバブル景気は見事にぶっ飛び、「やっぱり山奥には誰も引っ越してこないよ～」と、その後合併した浜松市執行部が及び腰になったのかどうかは不明だが、長引く景気低迷、宅地需要の悪化を引き金に、採算割れが必至となったための判断だった。あるいは、天竜市の野望は、合併によって冷やされ、冷静な判断ができた、という向きがないわけでもない。

土砂の再利用は納得も工場誘致は取りやめ？

２００９年、この事業は凍結から中止の決定が下る。それまでに事業費ベースで６割超の金を使い、宅地内の幹線道路こそ未整備だが、宅地へ続く都市計画道路はほぼ完成していたのだが……。というか、凍結から中止まで３年もかかるあたりがお役所仕事だ。

でも、せっかく手をつけたんだから天竜サイドとしては、何とかしてほしい。何かにしてほしい。人を呼んでほしい。

で、浜松市はやむなく（？）、このエリアを企業誘致用の土地にしようと舵を切った。その概要は、２０１２年度版「浜松市企業立地ガイド」で知ることができる。「阿蔵団地」は「阿蔵山事業用地」に名を変え、冊子には「自然豊かなロケーション」「良質な地下水は食品、衣料品産業等にも最適」「浜松北インターチェンジへ約5分」といった惹句とともに、これまで説明した通りの「進捗状況」が記されていた。要するに、具体的計画はナッシング。

一方、この開発と大きくリンクしているのが、遠州灘の沿岸17・5キロに渡る防潮堤整備計画だ。山を拓けば土砂が出る。なわけで浜松市は、2012年10月31日、阿蔵山を削って出た土砂を、防潮堤建設（盛り土）に使う方針を固めた。

が、その後に出た、2013年度版「浜松市企業立地ガイド」から「阿蔵山事業用地」の案内が消えた。山は削るし土砂も運ぶ。だけど、企業誘致はまたあとで、ということらしい。あっちもこっちも予算がつくわけでもないし、防災事案を最優先なのは当然だ。だけど、今後、工業用地として開発するのかどうか、そのくらい知りたいってのが天竜区民の声である。

だいたい、現在途切れている、国道152号線飛竜大橋以北（天竜区阿蔵山～山東）の道路整備も、「今後の整備状況については、防潮堤の工事の進捗状

再開発が頓挫した阿蔵山の麓にある市営の天神団地。1984～87年にかけて建設された

況に合わせて、土砂の搬出をしてまいりますので、それと連携をしながら具体的なスケジュールについて……」云々、浜松市長本人が、２０１２年の「元気な浜松！　懇談会」で元気に答弁している。

　阿蔵山の行き着く先は、まだまだ分からない。が、その半面で、「元気な浜松！　懇談会」では、「開発はしてほしい、でもヨソ者にはあまり来てほしくない」という、まさに田舎根性丸出しな市民の発言も見受けられた。何というか、浜松市の思惑と、天竜区民の願いは、いつまでも、乖離したまんまだ。まとまるのかねぇ？

浜松市コラム 7

天竜「舟下り」事故のその後

天竜川の川下りのひとつ、浜松市内の「遠州天竜舟下り」は、天竜名物として60年以上に渡って観光客を迎え入れてきた。

この天竜川下りは1948年、二俣観光協会によってスタート。現在の天竜区米沢~二俣間の約6キロメートルを、天竜川の景色に触れながらおよそ1時間で下る人気のコースだった。その後、この川下りは、2003年、天竜浜名湖鉄道株式会社が、運営を観光協会から引き継ぎ、「遠州天竜舟下り」という名称になる。

天竜川上流、長野県の飯田でも川下りが行われており、そちらでは「天竜ライン下り」「天竜舟下り」と2つの航路がある。天竜ライン下りは美しい景色が見所で、天竜舟下りは水しぶきが上がる豪快な川下りが楽しめるというのがウリ。

対する浜松の遠州天竜舟下りは、比較的難所も少なく、どちらかといえばゆったりと景色を見物できる川下りだった。

そんな遠州天竜舟下りで、2011年、悲しい事故が起きてしまう。8月17日、船頭2名、乗客21名を乗せた舟が、数少ない難所といわれていた場所の渦でコントロールを失い、転覆。23人全員が川に投げ出され、20人は救助されたものの3人が行方不明となってしまう。その後、3人の遺体が発見され、病院に運ばれた人からも死亡者が出て、船頭ひとりを含む5名が死亡、5名が負傷する大惨事になってしまった。

事故原因は船頭の操船ミスとされたが、問題視されたのが、安全対策の有無だった。

乗客はライフジャケットを着ておらず、船頭をはじめ、現場の係り員たちもそうした安全対策の重要性を認識していなかったという。

その後、遠州天竜舟下りは、運航を休止して安全対策に取り組もうとしたが頓挫。2011年11月、運営会社の天竜浜名湖鉄道が安全対策のための人件費等、予算的な問題から撤退を表明した。

さらに2011年8月の事故から5年以上経っても、この件は完全決着を見ていない。2017年1月16日、静岡地裁は、業務上過失致死罪に問われた第三セクター「天竜浜名湖鉄道」の元営業課長や元船頭主任ら3人に、禁錮3年〜2年6月、いずれも執行猶予4年の有罪判決を言い渡した。しかし、元船頭主任は判決を不服として東京高裁に控訴。決着はさらに長期化しそうである。

現在、天竜川の川下りは長野県の飯田からの航路で体験できる。こちらは、ライフジャケット着用を義務づけるなど、安全対策を講じて運航中だ。浜松市側では川下り事業が事実上廃止されてから、未だ復活の声は上がっていない。ただ今後はどうあれ、再びこうした悲劇を起こさないためにも、事故の記憶を風化させてはならない。

第8章
南海トラフ巨大地震の被害予測と防災対策

これまでに受けた災害や南海トラフ巨大地震とは？

紀伊半島沖～四国沖　連動性ある巨大地震

静岡県民が、絶対に避けては通れないのが地震の問題だ。684年に起きた「白鳳地震」が、日本書紀にも記述がある「日本最古」の地震とされていて、それ以後、100～150年周期で、東海地方を巨大地震が襲ってきた。

ところで、太平洋側のフィリピン海プレートが、日本列島に乗っているユーラシアプレートに潜り込んでいる境目となる「駿河トラフ」を震源として発生するものを「東海地震」と呼んでいる。また、これまでは、浜名湖から紀伊半島沖までを震源とするものを「東南海地震」、紀伊半島沖から四国沖までを震源とするものを「南海地震」と呼び、それぞれ別の地震として扱っていたが、それらの地震はすべて「南海トラフ」と呼ばれる水深４０００メートルほどの溝を震源としている（駿河トラフも南海トラフの一部）。すなわち３つの地震には連動性があることから、現在では東海・東南海・南海の地震をまとめて「南海トラフ（巨大）地震」としている。調査の結果、白鳳地震の際も、同時期に三重や和歌山で巨大地震が発生していたことが判明しており、連動性は事実だ。

さらにやっかいなのが富士山か。１７０７年に発生した宝永地震では、地震や津波の被害もさることながら、地震発生から49日後に富士山が大爆発を起こしている。浜松への影響は少ないかもしれないが、南海トラフ巨大地震の影響で噴火となれば、それはまた甚大な被害が生じてしまう。

台風に水害に地滑りと地震だけではない災害

いわゆる東海地震としては、１８５４年に発生した「安政東海地震」が最後。そこから数えて、１５０年以上が経っており、東海地方では次の大地震がいつ起きてもおかしくない状況にある。ただ、東南海地震想定震源地で発生した「昭和東南海地震」は1944年のこと。それを南海トラフ巨大地震のひとつに考えると、周期的にはまだ少し時間がある。とはいえ、決して余裕はないし、浜松を襲う自然災害は地震だけではない。

1959年の伊勢湾台風は、浜松を直撃せず死者は出さなかったが、負傷者10名、全半壊家屋500戸以上、被災者は3000人以上になった。また、1962年には市内で巨大竜巻が発生。市内約10キロを横断し、全壊家屋27戸、半壊家屋143戸、床下浸水1600戸以上などの被害が出た。そして、静岡県民として忘れてはならないのが、1974年の七夕豪雨。市内は1時間に90ミリを超す豪雨に見舞われ、増水した都田川の堤防が決壊。死者4名、床上浸水397戸、床下浸水は9083戸にものぼった。田畑や道路の冠水、がけ崩れの発生もあり、被害総額は約27億円にもなったという。

これらの被害は、すべて台風によるものだ。2011年にも、浜松市付近に台風15号が上陸し、大規模な停電が起きている。台風も狙ってやって来るわけでもないのが、南海トラフ巨大地震の100～150年周期とは違い、毎年起こり得る災害だから厄介だ。

ただ、地震は避難訓練を通して市民の防災意識も高められるし、台風も本来ならある程度の予測はできる。と、いうはずだったのだが……２０１３年４月に天竜区では大規模な地滑りが発生した。この地区は１９９６年に県が「地すべり防止区域」に指定した場所であり、地下水を逃がす設備を整備するなど、対策をかなり万全に施していたのだが……まさかの出来事である。原因は、地下水や雨水で地盤が緩んでいたことや、地層の問題といわれている。

やはり、自然災害を１００パーセント、完全にブロックするのは現実的には難しく、被害を最小限にとどめるためにも行政と市民の、対策を含めた情報の共有が、非常に重要な項目となるだろう（それでも難しいとは思うが）。

浜松市と関連する主な自然災害史

元号	西暦	名称	被害状況ほか
和銅	715年	―	遠江で地震発生。敷智・長下・石田の3郡で民家水没、田畑損害など
明応	1498年	明応地震	マグニチュード8.2～8.4。村櫛や宇佐見で震度5～6、舞阪、三ヶ日、佐久米、津々崎で震度6。舞阪では6～8メートルの津波に見舞われ約300戸が流失。この津波によって、浜名湖に今切ができた
天正	1578年	―	遠江で地震発生
江戸	1680年	高潮	高潮が発生し、浜松城も本丸・天守・二の丸・三の丸、櫓塀などが損壊。潰家は士屋敷・町屋を含め358戸、多数の死者を出す
	1707年	宝永地震	マグニチュード8.4。旧浜松市地域で震度6～7、旧舞阪町地域で震度6などを記録。浜松城下にて潰家71戸。また、気賀や舞阪で3メートルを超える津波
	1828年	水害	暴風雨により天竜川が氾濫。現在の浜松市天竜区の各地で堤防が破堤し、家屋が流失
	1854年	安政東海地震	マグニチュード8.4。旧浜松市、旧春野町地域で震度7、旧舞阪町地域で震度6。舞阪の5メートル超ほか各地で津波も観測
明治	1891年	濃尾地震	マグニチュード8.0。岐阜県を中心とする地震だが、遠江でも家屋全壊32、半壊31、道路破損19、橋梁損落1、堤防崩壊24などの被害あり
	1911年	水害	台風による暴風雨により、磐田郡龍山村（天竜区）で出水が発生。山林が4㎞に渡って崩れ、死者・行方不明者19人、家屋流失105戸、全壊家屋77戸、堤防破堤318カ所、橋梁流失996ヵ所、浸水範囲9,449ヘクタールなど
大正	1912年	高潮	浜名湖で高潮発生。和地村・伊佐地村が被害
	1926年	台風	最大風速37.0メートル/sを記録。死者8人、負傷者33人、全壊85戸、半壊110戸、床下浸水52戸など
昭和	1935年	高潮	浜名湖で高潮発生。田畑、養殖池の浸水のほか、浜名郡で床上浸水24戸、床下浸水114戸ほか
	1941年	暴風雨	市内で2日間の雨量が340ミリメートルを記録。床上浸水3,252戸、床下浸水8,978戸など
	1944年	東南海地震	マグニチュード7.9、旧浜松市地域で震度6～7などを記録。浜松市中央（当時）では全壊198戸、半壊406戸など

元号	西暦	名称	被害状況ほか
	1945年	枕崎台風	9月の枕崎台風（台風8号）と10月の台風10号の影響で天竜川の堤防が破堤。浜名郡芳川村（南区）で死者23人、50戸が流失。流域全体では死者・行方不明者77人、家屋の全壊・半壊・一部破損107戸など
	1959年	伊勢湾台風	多雨風雨により市内で最大瞬間風速、秒速42.0メートルを記録。全壊113戸、半壊645戸、床下浸水54戸など
	1965年	—	静岡付近でマグニチュード6.1。浜松消防署望楼で一部損壊
	1966年	台風4号	浜松中央署管内で、死者1人、全壊1戸、半壊1戸、床上浸水20戸、床下浸水3,408戸、田畑冠水712ヘクタール、山崩9個所。浜松東署管内で床上浸水2戸、床下浸水224戸、田畑冠水299ヘクタールなど
昭和	1971年	台風23号	浜松中央署管内で、全壊1戸、半壊2戸、床上浸水250戸、床下浸水1,311戸、田畑冠水1,300ha、堤防決壊7個所、山崩1,128個所。浜松東署管内で半壊2戸、床上浸水8戸、床下浸水334戸、田畑冠水25ha、山崩2個所など
	1971年	竜巻	浜松市高薗から上天神、油一色、新原本村にかけて竜巻が発生し、民家など約30戸が全半壊
	1974年	七夕豪雨	都田川ダム（いなさ湖）がない時代、井伊谷川の下流域（落合橋周辺ほか）ほか川沿いの地域で大洪水をもたらす。白洲町（西区白洲町）や佐浜町（西区佐浜町）では崖崩れにより4名が死亡
	1975年	暴風雨	最大時間雨量81.5ミリメートルを記録。堀留川流域で家屋の浸水や田畑が冠水し、市内全体で床上浸水987戸、床下浸水5,662戸など
	1982年	暴風雨	測候所開設以来最高の時間雨量87.5ミリメートルを記録。床上浸水130戸、床下浸水4,606戸など
	1994年	暴風雨	浜松で時間雨量86ミリメートルを記録。床上浸水33戸、床下浸水444戸など
平成	2009年	静岡沖地震	天竜区、浜北区、北区、中区で震度4を観測
	2013年	地滑り	天竜区で幅70メートルにおよぶ大規模な地滑り（その後も26日に幅40メートルの地滑りが続くなどした）

※「名称」は通称名のあるものだけ記載。浜松市ホームページほか各種資料により作成

南海トラフ巨大地震による浜松の被害はいかほどか？

絶対に避けられない浜松沿岸を襲う津波

２０１３年5月、国の中央防災会議は、南海トラフ巨大地震の発生について「高確率で発生時期を予測することは困難」と回答。いつ起きてもおかしくないといわれる東海地方の地震だが、「現在の科学的知見からは、難度の高い地震の予測は難しい」として、気象庁が検知を目指している、前兆現象の科学的根拠を真っ向から否定している。

それでも、国の地震調査委員会の見解によれば、30年以内に南海トラフのどこかでマグニチュード8～9レベルの巨大地震が起こる可能性は60～70パーセントもあるという。南海トラフ上とすると、四国沖を震源とする南海地震も含まれるが、連動して東海地方でも巨大地震が発生する可能性はあるし、確率的にいってても、明日起きてもおかしくない状態にあるのは確かである。

静岡県では、2013年2月に「第4次地震被害想定」の中間報告、6月に第一次報告を行った。

その想定では、発生頻度が比較的高く「100〜150年に一度は経験してきたマグニチュード8〜8・7」クラスの地震をレベル1、発生する頻度は極めて低いものの、東日本大震災を教訓に「あらゆる可能性を考慮した最大級のマグニチュード9」クラスの地震をレベル2とし、市区町ごとに被害を試算している。なお、県の報告では、津波高等を東海・東南海・南海と3地震に分けて考えているが、当欄では、基本的にそこに示された最大値を紹介していく。

津波は15メートル超　死者は浜松で2万人超

南区は、遠州灘沿岸とあって想定される津波は相当に高い。レベル1でも最大7メートル、平均6メートル、レベル2では同15メートルと13メートルと予測。

西区は、レベル1で最大7メートル、平均1メートルと南区同様。レベル2では、最大14メートル、平均3メートルという。

レベル2については過去の発表がないが、レベル1は、2001年作成の「第3次地震被害想定」で予測された津波高よりも高い数値に修正されている。これもやはり、東日本大震災を踏まえた徹底的な分析、危惧されるものは下方修正しようという姿勢であろう。

恐ろしいことに、南区も西区も、たとえレベル1でも5メートル、レベル2になれば10メートルを越す津波の到達まで20分とかからない。東日本大震災発生時に、宮城県女川港に到達した津波は15メートルと推測されている。それと同規模クラスの津波が浜松沿岸を襲う可能性があるのだ。日頃の防災意識、避難経路の徹底などがいかに大切かはいうまでもない。

浜名湖に面しているものの、海岸線からは距離のある北区では、レベル1・2とも津波の高さは1メートルと予測されている。東日本大震災時は海岸線から6キロの内陸部まで浸水しているのだから、浜名湖が海に繋がっていることを考えると、予測値は低いが、そうそう安閑とはしていられない。

他方、浜松市のほぼ全域で、1981年以降に建設された住宅は震度7以上の耐震性を持っているという。つまり、巨大地震がきても建物が倒壊する恐れが少ないというのだ。これで被害を少なくすることができるし、ライフラインに被害が出ても、とりあえずは自宅にいられる可能性がある。厳しい避難生活を軽減できる、そんな住宅事情はさすがといえよう。

ところが、津波が襲ってきたら家にはいられない。とりわけ沿岸部は危険だ。1メートル以上の浸水地域は、浜松市南区の場合、レベル1で1・2平方キロメートルだが、レベル2だと最悪13・8平方キロメートルに広がる。西区でもレベル1は1・5平方キロメートル、レベル2だと9・4平方キロメートルまで拡大する。

浜松市（市議会危機管理特別委員会）は2012年3月、レベル2の地震による津波は、沿岸から1キロの地点でも高さ2メートル、東海道線の線路を越えて、沿岸から4キロほど離れた浜松駅まで達すると発表している。

被害は津波だけではない。津波が到達しない内陸でも土砂崩れや液状化現象が予測され、東海道新幹線や東名高速道路などの大動脈へのダメージも必至であろう。

「第3次地震被害想定」では、津波被害等による静岡県の死者は6000人弱だったが、2012年に内閣府が発表した被害想定では10万9000人、2013年の「第4次地震被害想定」でも最大10万5000人（レベル1で1・6万人）、浜松市だけで2万3880人もの死者が予測されている。

※　※　※

2013年に発表された「第4次地震被害想定」以降、南海トラフ巨大地震の新たな想定予測は公表されていない。なので、地震が発生した際の浜松市の被害予測は、本編に書かれている通りである。とはいえ、国は甚大な被害を及ぼすであろう南海トラフ巨大地震について、現在でも予測の可能性と防災対応策の検討に余念がない。

発生予測については専門家の意見はさまざまに割れているが、一応、オカルトではないところを紹介しておくと、2014年時点のデータでいうと、30年以内の発生確率は70パーセント前後、50年以内は90パーセント程度だといわれており、さらに「2019年」や「2038年」など、年度を断定している学者もいる。まあ、年度を断定した予想はこれまですべて外れているので、また外れてくれることを祈りたいが、大きな被害が想定されている地域では、念のため注意を怠らないほうがいいかもしれない。

２０１６年９月には、東京大地震研究所地震・火山噴火予知研究協議会が「南海トラフ巨大地震の予測に向けた観測と研究」というシンポジウムを開催した。そこでは巨大地震の予測可能性について、ゆっくりすべり（スロースリップ）と巨大地震の関連をはじめ、地下水位の異常などが報告された。科学的にも水位・地面の沈降や上昇は根拠があるとされ、とくにプレート近くで起こるとされている南海トラフ巨大地震は、日々の測量で予測が可能という見方もされているようだ。とはいえ、差し迫って悠長に研究している場合ではないと思うので、専門家のみなさまには早急な予測分野の科学的進展を望みたい。

地震レベルによる想定津波高（単位＝m）

区名	レベル1		レベル2	
	最大	平均	最大	平均
北区	1	1	1	1
西区	7	2	14	3
南区	7	6	15	13

レベル1地震での津波の最短到達時間（単位＝分）

区名	+50cm	+1m	+3m	+5m
北区	383	—	—	—
西区	10	13	17	18
南区	8	12	14	15

レベル2地震での津波の最短到達時間（単位＝分）

区名	+50cm	+1m	+3m	+5m	+10m
北区	235	—	—	—	—
西区	5	7	13	22	23
南区	4	5	6	18	19

レベル1地震での危険度ランク別箇所数（Aは崩壊の可能性大、Bは可能性アリの箇所）

区名	急傾斜地危険箇所		地滑り危険箇所		山腹崩壊危険地区	
	A	B	A	B	A	B
北区	185	280	0	1	34	25
西区	173	28	0	0	2	1
南区	0	0	0	0	0	0
中区	132	11	0	0	0	0
東区	20	0	0	0	0	0
浜北区	42	13	0	1	2	2
天竜区	327	334	0	26	349	195

※静岡県の第４次地震被害想定より作成。
レベル１は東海・東南海・南海地震の各地震を、レベル２は南海トラフ巨大地震を指す

災害に対する備えは大丈夫？　浜松を救うのは巨大防潮堤だ！

地震に富士山噴火　原発への対策は？

東日本大震災では建物やライフライン、工場が被災するなどして経済に大きな影響が出ており、内閣府が算出した被害総額は16兆9０００億円にもなったという。

一方、南海トラフ巨大地震の被害総額は、こちらも内閣府の算出によると、最悪の場合で２２０兆３０００億円になるという。もちろん、東日本大震災と南海トラフ巨大地震では発生する場所も範囲も異なるから、ふたつを単純に比較することはできないし、その被害がすべて浜松にくるというわけではない。

しかし、まさにケタ違いの被害が及ぶことが想定されているのだから、少しでも被害を押さえるよう、努力がされている。

静岡県は「地震・津波対策アクションプログラム2013」を発表した。これまでに発表されていた「～2006」が強化されたことはもちろん、東日本大震災での教訓も生かされた内容となっている。たとえば、東日本大震災時には、幼稚園や小学校での避難行動で、まさに生死が分かれてしまった。それについては学校での津波避難行動マニュアルが見直され、集まるであろうボランティアの人たちとの連携も強化するなど、現場での混乱を防ぐような対策も取られている。

そして南海トラフ巨大地震だからこそのアクションも追加された。それが浜岡原発と富士山対策だ。「津波対策は万全です」とはいっても、福島のような事故が浜岡原発で起こらないとは限らない。そのため、6つの「原子力防災対策の強化」が追加され、これもまた連動して起きるとされる「富士山火山防災対策の強化」も4項目が追加されている。大地震が発生し、原発で事故が起き、富士山も大爆発となれば、東日本大震災以上の被害が起きてしまう可能性を否定できるわけもない。

国任せじゃ進まない！　地元企業が立ちあがる

津波の被害が想定される浜松市も、津波が来るのをただ黙って見ているわけではない。市ではこれまでにも保安林を設けるなどの対策をしてきたが、浜松のためならばと、浜松ゆかりの企業が協力を申し出たのだ。「創業地であり、育ててもらった地元に、明日来るかもしれない津波対策で恩返しがしたい」と住宅メーカーの一条工務店が、天竜川西岸から浜名湖入口東岸までの約17・5キロの区間での防潮堤建設費用として、県に3年間で300億円の寄付を発表。すると、地元の雄スズキも「行政におんぶに抱っこではダメ。自分の土地は自分で守る」として、5年間で5億円の寄付を決定したのだ。

この寄付については、一条工務店の社長が親交のあるスズキの社長に相談したことがきっかけで、スズキが仲介役となって浜松市と静岡県で協議を進めたといい、スズキも浜松商工会議所が呼びかけた寄付に応じたという。

防潮堤を造る際は、建設費用の半分は国から補助金が出されることになっている。しかし、国による防潮堤建設は規則に縛られてしまう。浜松の場合でも、高さ7メートル、コンクリート製で3年以内に完成させなければ、国からの補助金は出ないという。

しかし、民間企業である一条工務店からの寄付であれば、防潮堤建設に無茶な国のルールに従う必要がない。想定される津波に合わせて、県は防潮堤を高くできるし、コンクリート製にして景観を損なうこともない。そして何より、地元の声を取り入れた独自の防潮堤を造ることだって可能だ。

一条工務店の寄付については、その金額がやや一人歩きしている感もあるが、やはりこれは美談でよかろう。地元ゆかりの企業が、率先して防災事業に取り組もうという姿勢、実に素晴らしい。

防潮堤も完璧じゃない　意識改革が命を救う！

浜松市への寄付は他企業からも寄せられている。県はこれを受けて、建築する防潮堤の高さを海抜13メートルにすると発表。家屋流出などの被害が深刻化する浸水2メートル以上の地域が、現状の想定より9割は減るのだという。想定される津波の高さは最大15メートルなのだから、もう少し高くすればいい気もするんだが。

また、被害9割減とはいうが、浜松市では提案の防潮堤を造っても、少なからず被害は出るとしている。ここに、事業を確定する県と地元の浜松市には、少なからぬ考えの乖離が見え隠れもする。

今回の「アクションプログラム2013」は、2024年度までに計画を完了させるとしている。浜松沿岸の防潮堤も、完成までは2〜3年を要するという。高さにやや疑問は残るが、防潮堤にかかる地元の期待は大きい。ここは、県と市が一丸となった、円滑な工事を求めたい。

なお、浜松市は、1基目の舞阪を皮切りに津波避難タワー建設に余念がない。いつ来てもおかしくない地震がいつ来てもいいよう対策を講じている。ただ、こうしたハード面の整備だけでは完璧ではない。重要なのは率先した避難だ。防潮堤が津波の到達を遅らせている間に避難しなければ、防潮堤を造る意味もなくなってしまう。市民の防災意識がなくては、企業有志の協力も無駄になってしまう。

東日本大震災の発生後、東北をはじめ、今後も巨大地震による大津波が想定される地域で防潮堤建設計画が持ち上がったが、その多くで反対運動が起きている。景観や生態系を破壊するという指摘はもとより、被災地では数百年に1度の地震のため、現段階で防潮堤に金をかけるより復興が先だという声も多く、建設に踏み切らない自治体も出た。また、防潮堤の高さを決める際、国のシミュレーションのみを参考に高さを決めていることも物議を醸した。地形などをよく知る地元民の意見を盛り込まないやり方に不満が出るのは当然だ。

※　※　※

その点、浜松の防潮堤について、大きな反対意見は聞こえてこない。地元ゆかりの企業が建設費用を寄付したこともあるが、南海トラフ巨大地震は今後、いつ発生するか予断を許さない状況。そんな中、被害を最小限に食い止める可能性がある防潮堤の建設は無駄な事業ではない。

東日本大震災では想定を超える災害といわれた。自然の脅威は防潮堤を楽々超えてしまうものだ。だが一方で、岩手県の普代村が防潮堤（建設当時は猛反対が起きた）のおかげで津波被害を免れたことも忘れてはならない。

「静岡県 第４次地震被害想定」を受けた地震被害対策一覧（主な新規アクション）

アクション名	目標指標	数値目標	達成時期
建築物の耐震性の確保	第４次地震被害想定を踏まえた静岡県建築構造設計指針の改訂	100%	H26年度末
レベル１津波に対する津波対策施設（海岸）の整備	レベル１津波に対する整備が必要な津波対策施設（117.1km）の整備率	60%	H34年度末
レベル１津波に対する津波対策施設（河川）の整備	レベル１津波に対する整備が必要な河川（67河川）の整備率	55%	H34年度末
海岸堤防の耐震化	耐震化が必要な海岸堤防（116.3km）の整備率	60%	H34年度末
河川堤防の耐震化	耐震化が必要な河川堤防（6河川）の整備率	65%	H34年度末
港湾・漁港の防波堤の粘り強い構造への改良等	粘り強い構造への改良が必要な防波堤（9.9k m）の整備率	90%	H34年度末
新たなハザードマップの整備の促進	想定に即した住民配布用ハザードマップの整備率（35市町）	100%	H27年度末
公立学校（園）の津波防災に係る研修会の実施	市町立学校（園）に対する津波防災に係る研修会の開催率（４会場、各２回）	100%	H25年度末
私立学校の津波避難行動マニュアルの見直し	私立学校（29校）の津波避難行動マニュアルの見直し率	100%	H25年度末
災害時医療救護体制の整備（災害薬事コーディネーターの養成）	災害薬事コーディネーターの養成数（120人）	100%	H25年度末
原子力災害時の避難体制の確立（計画）	避難計画の策定	100%	H25年度末
浜岡原子力発電所の津波対策等の確認	津波対策工事（30項目）の定期的な点検	100%	H 26年度末
富士山の噴火に備えた避難計画の策定	広域避難県計画の策定	100%	H25年度末
避難所等の機能充実	避難所等への太陽光発電及び蓄電池の新規導入数（40施設）	100%	H27年度末
災害時における子どもへの支援の充実	「災害・事故時のメンタルヘルスケアマニュアル」の見直し	100%	H25年度末
災害ボランティアの連携強化	県内外の災害ボランティアによる図上訓練の実施	100%	平成34年度
災害廃棄物の処理体制の見直し	「市町震災廃棄物処理計画」の見直し率（全35市町）	100%	H28年度末

※各種資料より作成

浜松市コラム 8

アカウミガメの産卵地と防潮林

浜松の遠州灘沿岸（中田島砂丘）には、絶滅危惧種に指定されているアカウミガメが産卵にやってくる。温帯から熱帯にかけて幅広く生息するアカウミガメだが、産卵には砂浜が必要で、インドネシアやオーストラリアなどが世界的にに有名な産卵地となっている。そんな中、浜松にもアカウミガメが産卵にやってくるとあって、現在、市を上げてアカウミガメの保護に取り組んでいる。

古くから、アカウミガメはその卵や肉が人々の食糧になっていたという。もちろん、今では絶滅危惧種として獲ることは禁じられている。しかし、ニカラグアなどの一部の貧しい国の漁村では、ウミガメ漁で生計を立てている漁師もいるという。また、インドネシアのジャワ島では、儀式に使うアカウミガメやその卵を輸入しているとか。かくして、アカウミガメの産卵地の人々は、砂浜からせっせと卵をほじくり返し、小遣い（いや、生活費か）を稼いでいるのだ

という。

日本ではウミガメを獲る習慣というのを聞いたことがない。と思ったら、小笠原諸島の父島、母島だけは特別で、食用のウミガメ漁が年に１３５匹まで認められている。

もちろん、浜松（舞阪漁港）では、アカウミガメ漁などはしていない。開発一直線で山を削り、宅地や企業用地を増やし続ける浜松だが、沿岸部に関してはとても自然に気をつかっている。その好例が、遠州灘沿岸の環境保全活動だ。

アカウミガメ産卵地そのものの保護・保全はそのひとつだが、浜松が早急に取り組まねばならない「南海トラフ巨大地震」を想定した沿岸約17・5キロメートルに及ぶ防潮堤建設が、実はそうした環境保全を前提に進められている。

事実上、一条工務店による300億円もの寄付金があってゴーサインが出た防潮堤の工事だが、その予定地は、中田島砂丘付近のほかアカウミガメの産卵地を大いに含む。そこにコンクリートを打ち付けてはまずいと、既存の保安林や砂丘をかさ上げしたり補強したりして、「静岡モデル」というべき新しい防潮堤をつくろうというのだ。

ただでさえ砂浜の侵食が激しいうえ、コンクリートの護岸では卵が埋めないアカウミガメにとって、これは当然プラス。まずは工事用の道路を拓き、保安林を一度取り除き、盛り土した後にもう一度植林するという大変な工事になるが、景観の保全と防災の両立という大胆な計画には、大きな期待がかけられている。

第９章
どうなる!?
浜松市のこれから

崩壊した市街地の再生に必要な将来ビジョンとやらまいか精神

積極的な都市開発が招いた中心市街地の空洞化

当地域批評シリーズの取材などで、これまで全国各地の政令指定都市を見てきた筆者の視点で述べさせてもらうと、浜松は政令指定都市としての貫禄に欠けているように思う。その要因は、中心市街地のスケールの小ささにある。浜松駅を降り立って市街地を歩いて感じた印象は、「そこそこ商業施設が集積している地方都市」程度に過ぎなかった。政令指定都市というと、どうしても大都会を連想してしまうが、浜松はどうにも都会っぽくないのである。

浜松の中心市街地はスケールの小ささに加えて、にぎわいも無く、その寂れっぷりは目を覆うばかり。これまでに百貨店の撤退が相次ぎ、市街地で頑張っているように思えるのは浜松駅北口の遠鉄デパート（本館・新館）ぐらい。松菱百貨店の跡地は長らく更地状態が続き、政令指定都市の中心市街地の一等地が、再開発されずに長年放ったらかしにされているのなんて、個人的には見たことも聞いたこともない。ライバルの静岡市と比べても市街地の活況は段違いで、まちづくりの点でかなりの差を付けられている。

だからといって、浜松市がこれまで都市開発に消極的だったわけではない。市民に聞いたところによれば、30年以上前には東海道線の高架化と駅移動を伴う都市開発や公共事業を積極的に進めていたという。バブルの崩壊で一部の都市開発計画（アクトシティ周辺の開発計画など）は停滞してしまったが、一方で、もともと遅れ気味だといわれていた道路整備に関しては、引き続き幹線道路の建設や拡幅工事が進められていった。こうした市街地開発の停滞と道路整備によってもたらされたのが、商圏の郊外化に伴う市街地の空洞化だった。整備された幹線道路沿い（ロードサイド）には巨大な駐車場を備えた大型商業施設が続々とオープンし、マイカー依存の強かった浜松市民の消費は必然的に郊外へとシフトした。そして、ロードサイドの商業施設に押されて業績が悪化した中心市街地の商業施設は次々と撤退。魅力を無くした街中から人の流れが失われ、地元商店街もシャッター化していった。

都市開発や公共事業を積極的に進めたことで市街地の空洞化を招いてしまった浜松とは対照的に、中心市街地の住民の反対で都市開発や道路の整備をスムーズに進めることができなかった静岡市は空洞化を免れた（今でこそ静岡市は都市開発に積極的だけどね）。静岡人のプライドの高さと自己保身力（保守性）が結果的に市街地を守ることとなり、逆に浜松人の積極性や進取の精神（やらまいか精神）が市街地の衰退を招くことになってしまったのだから、浜松人にすれば何とも悔しく皮肉な結果といえるだろう。

不振に陥っていた製造業にようやく復調気配が!?

中心市街地の衰退をずっと憂慮してきた市は、これまで浜松駅周辺でさまざまな都市開発事業を行ってきた。だが、いずれも決め手を欠き、現状で街中に活気を呼び戻すまでに至っていない。まちづくりが場当たり的で静岡のような回遊性を打ち出せていない、魅力ある商業施設を誘致できていないなど厳しい指摘はあるが、なかなか復活できない要因は、市のメイン産業である「製造業」が不振に陥っていたことがやはり関係している。

浜松はスズキ、ヤマハ、河合楽器、ホンダなど大手製造系企業が地域経済を支えてきたブルーカラーの街である。メイン産業である製造業が好調なら市の景気も良くなるが、浜松の製造業は2008年のリーマンショックの影響で、2008年から2009年にかけての製造品出荷額が約2兆8900億円から2兆1000億円に大きく減少し、その不振からの回復がずっとできていないのだ。総務省・経済産業省の経済センサスによると、2009年の浜松市内の総事業所数（民営）は3万8771事業所、総従業者数は38万6392人だったが、2014年には総事業所数が3万7073事業所、総従業者数が37万4525人と、総事業所数で1698事業所、総従業者数で1万1867人も減少するなど、雇用の空洞化が進んだ。2015年以降、新東名の延伸で浜松の企業誘致が好調なことから、これらの数字が復調している可能性はもちろんあるが、2016年9月に現地で地元民に浜松の景気や雇用について話を伺ったが、明るい話題はほとんど聞かれなかった。また、浜松は製造業に従事するブラジル人が多いことでも知られているが、現在（2016年12月末現在）のブラジル人居住者数は8748人で、この数字は最盛期の半分以下。働く場所が無くなって帰国したり、他地域（愛知県や群馬県など）に流れてしまっているそうだが、このあたりにも工業の街・浜松の苦境が見てとれる。

ただ、浜松に本拠地を置く大手製造系企業については現在、好調な輸出を背景に業績はかなり上向いている。ヤマハは海外での楽器販売（中国での電子ピアノ）や国内でのバイク販売が好調。また、浜松で最大の影響力を持っているスズキは、2016年に燃費データの不正による企業イメージの悪化から国内での軽自動車販売が低迷したものの、好調なインド事業が業績全体を押し上げており、さらに二輪車事業の赤字も縮小。そうした好況を背景に設備投資にも積極的で、2017年1月からインドで新工場を稼働。浜松市内にも北区都田に浜松工場を新設中で、二輪の車体組み立てを行っている豊川工場（愛知県豊川市）とエンジンを製造する高塚工場（浜松市中区）を、2019年をめどに浜松工場に集約するという。さらにスズキにはトヨタとの提携の話も持ち上が

っている。こうした企業の動向は、雇用を創出したい市や関連企業にとって、間違いなく朗報だろう。

大企業に頼っているばかりじゃ浜松の復活は無い！

ただ、大企業が復調しているからといって楽観視するのは危険だ。いつまでもスズキやヤマハなどの大企業におんぶにだっこでは、再び製造業の景気が悪化すれば、また同じことの繰り返し。もはや都市が一産業に頼って生き残ろうとする時代は終わっているのだから、都市としての新たな産業の柱の構築は必要不可欠である。

市に強い発言力・影響を持っているスズキの鈴木修会長は、２０１２年の日経新聞の年頭インタビューでこんなことを言っている。

「製造業が地域経済をけん引する力は無くなっていると想定した方がいい。スズキも含めて現在この地域（浜松市）にいる企業もあと10年、居続けることができるか正直わからない。全員参加で街の将来像を描き、汗をかいて実行する。

それしか難局を乗り切る方法はない。ただ、昨今までの浜松市の中心市街地活性化の取り組みなどを見ていて、この街にはそんな力が無くなったのではないかと思っている。危機感というより、もはや諦めに近い。市民が衰退の道を選ぶなら、それはそれで仕方ないと思う」

非常に厳しい言葉である。企業に頼りっきりでいつまでも自立できない今の浜松を叱咤激励すると共に、戦争で焦土化した浜松を復興させた遠州人特有の「やらまいか精神」の喪失を嘆いているようでもある。

市は現在、中心市街地の復活を図るとともに、今更ながらコンパクトシティ化（街中に居住機能や生活関連機能の集積させる）を進めようとしている。それは果たして、浜松市民が思い描く街の将来像なのか？　ただ単に世の中の流れに乗っかっているだけではないのか？　地方都市としての浜松が何を目指すべきなのか、そこを明確にしなければ、中心市街地の復活や新たな産業の構築は不可能だろう。

浜松の中心市街地の中で、唯一といっていいくらい政令指定都市の都会っぽさを醸し出している遠鉄百貨店周辺

浜松市内最大の歓楽街ともいえる有楽街。最近は週末の人通りもだいぶ戻ってきているという

千載一遇のチャンス到来!? 新たな「出世」の鍵は観光にあり!

観光資源は豊富なのに活かし切れていない

　ここまでさまざまなテーマを設けて浜松市を論じてきたが、最後の最後、ここからはより現状を踏まえつつ、浜松市への提言をしていきたいと思う。

　前項でも述べたが、地方の衰退が叫ばれている昨今、一地方都市が商業や工業といった地場産業だけに頼って生き残ろうとするのは厳しいし、地元民だけで地域経済を回そうとしても限界がある。それよりも地元の魅力は何であるかを自覚し、あるいは作り出すことで、多くの人に来てもらうことが、地方都市の活性化を図る上で重要である。現状、大きな経済波及効果を生み出す可能性を持っている観光業をおろそかにすると、地方都市の発展と活力の創出はないといってもいい。というわけで、今後の浜松は観光業を市の主幹産業のひとつに何としてもするべきである。

静岡県には伊豆や富士山という超有名観光地がある。にもかかわらず「観光県」としての認知度がそれほど高くないのは、駿河と遠州の観光地イメージが希薄だからだ。駿河と遠州に魅力的な観光資源が無いわけではない。とくに遠州、本題の浜松は、浜名湖という最大の観光資源があり、史跡があり、温泉があり、山海の幸からＢ級グルメまで美味しいものが一通り揃っているなど、バラエティに富んだマルチ観光地という側面がある。それでいて浜松に観光都市のイメージが無いのは、工業都市のイメージが強いのと同時に、アピールが下手だからだ。ライバルの静岡市は観光に本気で力を入れようとしているのかよくわからないほどアピールがド下手な都市だが、浜松市の場合は頑張っているのにダメ。効果的なプロモーションができないのである。

だが、そんなことも言っていられない！　浜松は今、観光都市として飛躍する千載一遇のチャンスを迎えている。その切り札はもちろん、２０１７年１月から放送が開始されたＮＨＫ大河ドラマ『おんな城主 直虎』だ。浜松はその舞台にして井伊氏ゆかりの地であり、これほどの絶好機が訪れるのはそうそうあることではない。大河ドラマは作品によって波及効果に差が出るともいわれているが、前作の『真田丸』は長野県に200億円を超える経済効果をもたらし、真田家ゆかりの上田や松代の観光客数は大幅に増加したという。2016年の長野県は空前の真田丸ブームに沸いたわけだが、その相乗効果も見込める『おんな城主 直虎』は、浜松活性化の起爆剤にもなり得るコンテンツであろう。ところが、そんな大事なタイミングにもかかわらず、浜松はいきなり躓いてしまったのだ。

浜松商工会議所は2015年7月の放送決定を受け、2016年から「家康・直虎新商品開発プロジェクト」と銘打ち、地元の食品会社に「直虎」の名を冠した菓子など関連商品の開発を働きかけてきた。ところがすでに「直虎」の商標は、浜松市内のデザイン会社と長野県須坂市の老舗味噌・醤油製造会社が登録を済ませていたのである。これを受けて、市と商工会議所はこれら業者の登録を取り消すよう、特許庁に異議を申し立てた。訴えた側と訴えられた側、どちらが正しいかをここでは論じないが（まあ、大河での放送が決定した201

5年7月以降の「直虎」の商標登録は無効にしても差し支えないとは思うけどね）、長野県の業者が出願したのは放送が決定してから約3カ月後のこと。なぜ浜松市は放送決定後すぐに商標登録をしなかったのか？　いろいろ言いたいこともあるだろうが、これでは予測の甘さを指摘されても仕方がない。

また、直虎による自治体間の観光連携についても一言。直虎の放送開始に先がけ、2016年末に浜松市長は滋賀県彦根市長と交流シンポジウムを行った。両市は今後、観光連携の強化を図っていくようである。確かに彦根は関ヶ原の戦いの後に井伊直政が入部し、江戸時代を通して井伊家が代々治めた地であり、彦根と井伊家は切っても切れない関係だ。しかし、直虎は彦根と直接関連があるわけではない。それよりも、直虎ならば静岡市との観光連携を図るべきではないだろうか？　2016年8月に浜松で開催された「直虎フォーラム」では、県内外の井伊家にゆかりのある市町によるサミットの開催を盛り込んだ「直虎宣言」が採択されたが、参加したのはほぼ三遠南信の自治体で、そこに静岡市の名は無かった。井伊家の歴史を考えれば、今川氏とのゆかりが深い静岡市をハブるなんて、いくらなんでもおかしい。

歴史ファンは、史跡めぐりに関して「ストーリー性」をものすごく重視する。井伊家にすれば敵役の今川氏だが、室町～戦国期の井伊家を語る上では欠かせない存在でもある。静岡市には今川館があったとされる駿府城公園、今川氏の菩提寺で太原雪斎がいた臨済寺など、大河に関連するようなスポットが存在している。であればこそ、静岡市を加えて関連史跡をルート化できれば、もっと深く直虎の世界をファンにアピールできるのでは？　都市間のライバル心はよ～くわかるが、ここはひとつ、浜松と静岡がしっかりとタッグを組むことが必要なのではないだろうか。県内二大都市が分断せずにうまく連携してこそ、その相乗効果のよって駿河と遠州、ひいては静岡県が国内屈指の観光県として認知されていくように思うのだ。

浜松観光は絶対に中国人観光客のニーズに合う！

さて、なんだかんだいっても直虎に沸いた浜松の観光業だが、もうひとつの重要なキーワードが「インバウンド」である。浜松を訪れた際、街中やホテルにやけに外国人が多いなと思ったが、調べてみると浜松の外国人宿泊客数は県内でぶっちぎりのトップだった。もっとも多いのは中国人観光客で、観光目的で浜松に来たわけではなく、東京と大阪の中間にあって、ただ泊まるためだけに浜松にやってきたというのがほとんど。それでも市内のホテルや百貨店、飲食店、ドラッグストアなどにお金を落としてくれるから、ありがたい存在なのだという。

しかし、いつまでも中国人観光客の「中継地」では意味がないし、このスタンスでは確実に行き詰まる。中国人観光客の訪日目的は、以前とはだいぶ変わってきており、2017年のトレンドは「爆買い」ではなく、「美味しいものを食べたい」「外国人があまり多くない観光スポットをめぐりたい」「日本文化を体験したい」など、より「旅感」を重視する傾向になっているという。そう考えると、これらすべてをハイレベルに満喫できる環境が揃っている浜松は、中国人観光客のニーズにぴったり合う場所ということもできる。というわけで、団体ツアー客の宿泊誘致もいいけれど、それよりもまず浜松観光の魅力と情報を外国人に正確に届けないといけない。ここがスッコ抜けでは、いつまで経っても「外国人が寝るだけの街」から脱却できないだろう。

浜松は静岡と同じく城下町だが、どちらかといえば宿場町の色彩が強い。昔から東西の情報が集まってきた浜松の人々は、「アンテナの感度」が高いし、独創性も備わっている。ただ、アイデアはあってもプロモーションやブランディングが苦手で、そもそも商魂だってたくましいわけではない。だからこそ「ものの作りの街」として発展してきたわけだが、これからの浜松にはアイデアを具現化するだけでなく、「誰が、誰に、何を、どのように伝えるか」という商売のコンセプトも持ち合わせて欲しい。これができれば浜松は、一大観光都市のみならず、真の政令指定都市として、新たな「立身出世」を遂げるはずである。

大河ドラマ『おんな城主 直虎』で観光振興を図っている浜松。この千載一遇のチャンスを絶対に逃すわけにはいかない！

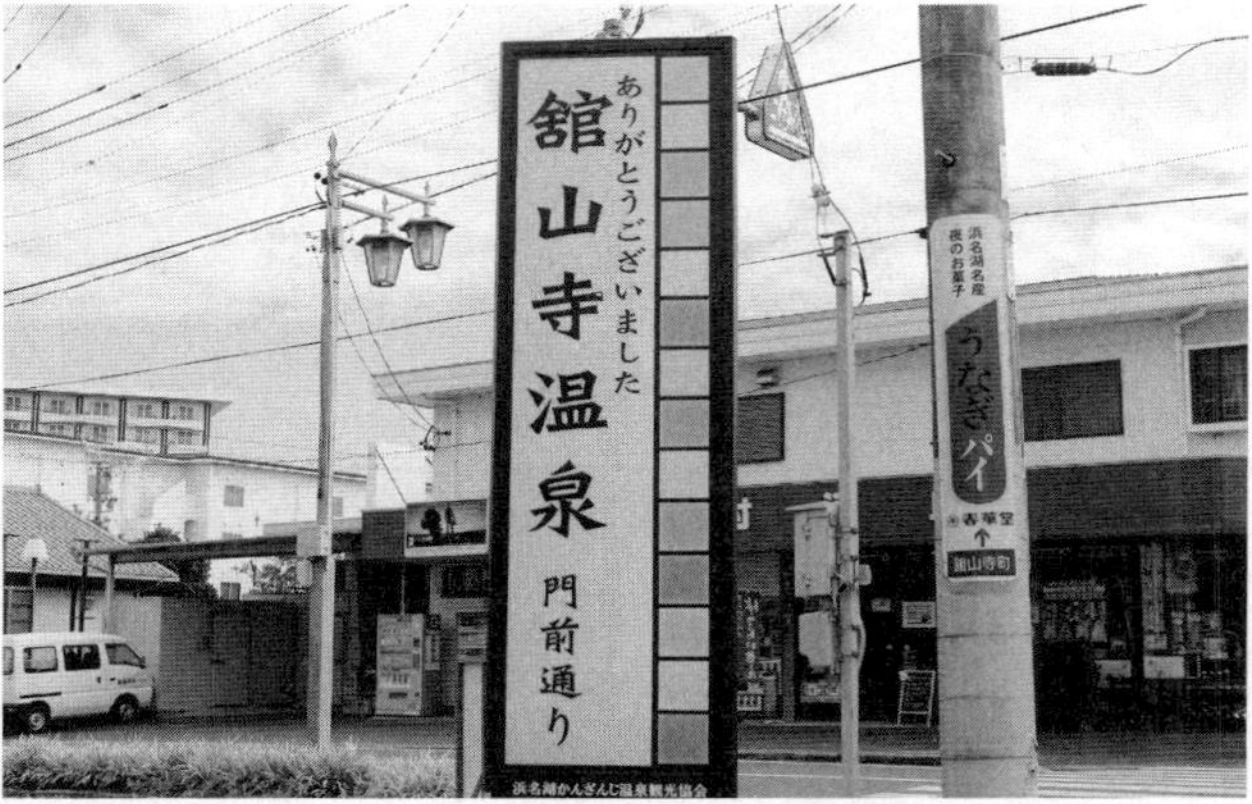

浜名湖を望むロケーションは抜群！　舘山寺温泉は浜松を代表する温泉地だが、一般的な知名度は残念ながら低い

あとがき

自己中心的で気に入ったことには一途にのめり込む。気に入らないことはやらない、というのが遠州人である。そしてこの気質をもっとも濃厚に受け継いでいるのが浜松人だろう。

浜松人は頑固で、なかなか腹を割ってくれない。浜松の中心市街地は奥に行けば行くほどボロボロだが、静岡のようにきれいにまとまっていないので逆に街に味わいがあり、その雰囲気が気に入って、現地滞在中にはほぼ毎日、古めかしく雑多な路地や通りにある居酒屋に通った。

一応仕事で来ているので、飲んでいる最中には店の人やお客さんに、浜松の話をいろいろと聞いてみたが、はじめのうちはかなり難儀をした。最初は質問してもあまり取り合ってくれなかったし、何気ない会話を続けるうちに徐々に気心が知れてきて「もういいかな」と話を振っても、質問が気に入らないと、いきなり無口になったりではぐらかされてしまう。それでいて琴線に触れるような質問になると急にノリノリになったりして、かなり面倒くさい人種だな、と思ったものだ（笑）。

温暖な気候に暮らす静岡県民はのんびりしているとよくいわれる。だが、浜松人にのんびりした印象はない。荒っぽくて、一途で、愚直で、不器用で、職人気質過ぎるともいわれるが、まさにその通り。こうした気質が浜松の発展を支えてきたことは間違いない。だがそうした愚直なまでの不器用さはまた、浜松が衰退からなかなか復活できない要因でもある。

中心市街地の再生と活性化に関しては、もはや思考が硬直化してしまって、有効な手立てが講じられていない状態になってしまっている。市は今更ながらコンパクトシティ化を進めようとしているけれど、それではどこかの後追いで、思考を停止させているのと同じことだ。もうちょっと浜松ならではの独創性のあるまちづくりができないものだろうか。

もうそろそろ浜松は、静岡に追いつき追い越せの後追いはやめるべきだろう。進取の精神を持って新しい世界にチャレンジしていくことこそ、偉大な先人たちが見せてくれた浜松人の真の姿である。

参考文献

・大塚克美、神谷昌志
『はままつ百話—明治・大正・昭和』　静岡新聞社　１９８３年

・静岡新聞社出版局（編）
『新聞に見る静岡県の一〇〇年』　静岡新聞社　１９９９年

・竹内宏（編著）
『「浜松企業」強さの秘密』　東洋経済新報社　２００２年

・静岡新聞社
『ぐるぐるマップ　しずおか茶本舗』　静岡新聞社　２００４年

・静岡県日本史教育研究会（編）
『静岡県の歴史散歩』　山川出版社　２００６年

・山北一司
『浜松市の合併と文化政策　地域文化の継承と創造』　水曜社　２０１１年

・山本博文（監修）
『あなたの知らない静岡県の歴史』　洋泉社　２０１２年

【サイト】

・浜松市
http://www.city.hamamatsu.shizuoka.jp/index.htm

・静岡県
http://www.pref.shizuoka.jp/index.html

・内閣府
http://www.cao.go.jp/

・総務省
http://www.soumu.go.jp/index.html

・三遠南信地域連携ビジョン推進会議
http://www.sena-vision.jp/index.html

・三遠南信エリア情報
http://www.san-en-nanshin.jp/

・農林水産省
http://www.maff.go.jp/index.html

・ＪＡとぴあ浜松
http://www.ja-shizuoka.or.jp/topia/

・ＪＡみっかび
http://www.ja-shizuoka.or.jp/mikkabi/

・水産庁
http://www.jfa.maff.go.jp/

・浜名漁業協同組合
http://www.hamanagyokyo.or.jp/

・浜名湖養魚漁業協同組合
http://www.maruhama.or.jp/

・浜松商工会議所
http://www.hamamatsu-cci.or.jp/

・浜松茶商組合
http://www.siz-sba.or.jp/kencha/member/hamamatsu/

・月刊地域づくり（第２５３号）
http://www.chiiki-dukuri-hyakka.or.jp/book/monthly/1007/index.htm

・道州制 新しい地域づくりのために―経済広報センター
http://www.kkc.or.jp/dousyusei/

・アットエス
http://www.at-s.com/

・浜松情報ＢＯＯＫ
http://www.hamamatsu-books.jp/index.html

・浜松まつり公式ウェブサイト
http://hamamatsu-daisuki.net/matsuri/

・肴町ネット
http://www.sakanamachi.net/index2.html

・浜松市モール街公式サイト
http://www.mall-st.jp/

・ゆりの木通り商店街
http://yurinoki-st.com/

・スズキ株式会社
http://www.suzuki.co.jp/

・ヤマハ株式会社
http://jp.yamaha.com/

・ヤマハ発動機株式会社
http://www.yamaha-motor.co.jp/

・河合楽器製作所
https://www.kawai.co.jp/

・ローランド
http://www.roland.co.jp/

・本田技研工業株式会社
http://www.honda.co.jp/

・一般社団法人 日本自動車工業会
http://www.jama.or.jp/index.html

・バイクのふるさと浜松
http://www.bike-furusato.net/

・都田アソシエイツ
http://www.hai.or.jp/m-associate/

・ＪＲ東海
http://jr-central.co.jp/

・天竜浜名湖鉄道
http://www.tenhama.co.jp/

・遠鉄グループポータルサイト
http://www.entetsu.co.jp/

・遠鉄電車
http://www.entetsu.co.jp/tetsudou/

・遠州バス
http://bus.entetsu.co.jp/index.html

・湖西市
http://www.city.kosai.shizuoka.jp/

・磐田市
http://www.city.iwata.shizuoka.jp/

・天竜川ライン下り
http://park6.wakwak.com/～tenryuurain/top.htm

・防衛省 航空自衛隊
http://www.mod.go.jp/asdf/

・航空自衛隊浜松広報館
http://www.mod.go.jp/asdf/airpark/

・遠州灘都市公園 遠州灘海浜公園 中田島北地区
http://www.enshunada.com/index.html

・浜松国際ピアノコンクール
http://www.hipic.jp/

・オートレースオフィシャルサイト
http://autorace.jp/

・浜松オート
http://www.hamamatsu-auto.jp/

・ボートレース浜名湖
http://www.hamanako-kyotei.com/

・ジョイホース浜松公式サイト
http://www.joyhorse-hamamatsu.com/

・豊橋けいりん
http://www.keirin.toyohashi.aichi.jp/

・プレ葉ウォーク浜北
http://www.plehawalk.com/about/index.html

・サンストリート浜北
http://www.sunstreet-hamakita.com/

・まい〜か浜松
http://www.mai-ca.net/index.php

・浜松地域ブランドやらまいか
http://www.yaramaika-h.jp/

・静岡大学工学部、大学院工学研究科
http://www.eng.shizuoka.ac.jp/

・国立大学法人浜松医科大学
http://www.hama-med.ac.jp/

・公立大学法人静岡文化芸術大学
http://www.suac.ac.jp/

・一般社団法人日本病院会
http://www.hospital.or.jp/

・浜松医療センター
http://www.hmedc.or.jp/

●編者

松立学

1972年生まれ。宇宙に競馬、美術に軍事、何でもありの理系出身ライター兼編集者。あえて「こだま」での静岡旅をすること数回。今回は、静岡市出身の「できる編集者やライター」の力も借りて市内を東奔西走。『日本の特別地域』シリーズでは、『茨城県』の執筆を担当。

鈴木和樹

1976年生まれ。クルマに旅行、建築に漫画と、ジャンルに節操がないライター兼フリー編集者。旧浜松市で生まれ育ち、大学入学を期に上京。以後、めまぐるしいまでの市の変化に驚かされつつ、割と実家へは帰省する。帰省は、いつもクルマで下道派。

岡島慎二

1968年生まれ。大衆居酒屋と猫をこよなく愛するライター兼編集者。東京·地方を問わず、地域の本質や問題点、街づくりのあり方などを探る「地域批評」をライフワークに全国各地を飛び回っている。『日本の特別地域』シリーズでは、東北から九州まで全国津々浦々、およそ30地域の執筆を担当。

地域批評シリーズ⑯　これでいいのか 静岡県浜松市

2017年2月27日　第1版　第1刷発行
2021年4月　1日　第1版　第3刷発行

編　者　松立学
　　　　鈴木和樹
　　　　岡島慎二
発行人　子安喜美子
発行所　株式会社マイクロマガジン社
　　　　〒104-0041　東京都中央区新富1-3-7 ヨドコウビル
　　　　TEL 03-3206-1641　FAX 03-3551-1208（販売営業部）
　　　　TEL 03-3551-9564　FAX 03-3551-0353（編　集　部）
　　　　https://micromagazine.co.jp/
編　集　髙田泰治
装　丁　板東典子
イラスト　田川秀樹
協　力　株式会社エヌスリーオー
印　刷　図書印刷株式会社
※定価はカバーに記載してあります
※落丁・乱丁本はご面倒ですが小社営業部宛にご送付ください。送料は小社負担にてお取替えいたします

※本書の内容は2017年1月20日現在の状況で制作したものです

2021 Printed in Japan　ISBN　978-4-89637-615-9　C0195